全球量子产业前瞻报告

2022

刘会武　著

科学技术文献出版社

SCIENTIFIC AND TECHNICAL DOCUMENTATION PRESS

·北京·

图书在版编目（CIP）数据

全球量子产业前瞻报告.2022 / 刘会武著.—北京：科学技术文献出版社，2024.3
ISBN 978-7-5235-0427-7

Ⅰ.①全… Ⅱ.①刘… Ⅲ.①量子力学—信息传输—产业发展—研究报告—中国—2022 Ⅳ.① F426.633

中国国家版本馆 CIP 数据核字（2023）第 122441 号

全球量子产业前瞻报告2022

策划编辑：陈梅琼　　责任编辑：李　鑫　　责任校对：张永霞　　责任出版：张志平

出　版　者　科学技术文献出版社
地　　　址　北京市复兴路15号　邮编 100038
编　务　部　(010) 58882938, 58882087（传真）
发　行　部　(010) 58882868, 58882870（传真）
邮　购　部　(010) 58882873
官 方 网 址　www.stdp.com.cn
发　行　者　科学技术文献出版社发行　全国各地新华书店经销
印　刷　者　北京时尚印佳彩色印刷有限公司
版　　　次　2024 年 3 月第 1 版　2024 年 3 月第 1 次印刷
开　　　本　889×1194　1/16
字　　　数　156千
印　　　张　7.25
书　　　号　ISBN 978-7-5235-0427-7
审　图　号　GS京（2023）1665号
定　　　价　78.00元

编委会

主　　任：王胜光　贾敬敦

副主任：李有平　杨　辉　安道昌

委　员：周　力　余志海　魏　颖　谭祥美　孙法春

　　　　宋　捷　沙新华　庞鹏沙　柳　澎　李志远

　　　　李　享　李　军　谷潇磊

编写组

组　　长：刘会武

副组长：王春阳　郭邦红　曹　方

成　员：杨多贵　杨　斌　康大臣　赵祚翔　袁志彬

　　　　邹秀萍　周志田　陈宝新　李海泽　张冲亚

　　　　罗　璨　韩　璐　姜冉冉　任智智　周道韫

　　　　胡一鸣　韦海洋　邱继翔　任　伟　朱晓慧

前　言

　　量子力学是人类探究微观世界的重大成果，是现代物理学的两大支柱之一。目前世界已进入第二次量子技术革命时代，通过主动人工设计和操控量子态发展量子技术和应用。尽管量子世界还存在很多需要攻克的难题，但量子科技发展突飞猛进，将引领新一轮科技革命和产业变革方向。量子计算会颠覆性提高信息运算处理速度，量子通信会大幅度提升通信安全性，量子精密测量和传感技术会在未来数字时代和万物互联时代有着广泛的应用。正是因为量子技术所蕴含的巨大发展前景，量子科技领域的国际竞争日益激烈。世界主要国家密集出台量子科技的重大发展战略与规划布局，量子科技正在加速从实验室走向产业化，其战略意义正在不断提升，其变革未来科技、国家安全、国防军事、产业经济等领域的潜力备受关注。

　　目前全球量子科技呈现中美领跑、各国争相角逐的竞争格局，大国博弈日趋激烈。2022年，美国加强量子信息科技领域的政府之间战略合作，重点加码部署后量子密码领域研究，并已抢占先机。欧洲各国也制订了自己的发展计划，形成了以欧盟为引领、各国持续跟进的多轮驱动发展态势。2022年，我国在量子信息领域科学研究层面继续集中迅猛发展，发布了一系列的政策，为量子信息领域的科学研究和产业化发展指明道路。特别是在量子通信领域，我国光纤量子保密通信技术的工程化成绩领跑全球。2022年，我国成功发射了世界首颗量子微纳卫星"济南一号"。此外，2022年合肥城域量子通信试验示范网已成为目前规模最大、用户最多、应用最全的量子保密通信城域网，助力打造全球"量子中心"。在投融资方面，截至2022年国内有8家量子计算企业完成亿元以上融资，投资机构对量子产业界的关注度逐年增加，量子科技也正在成为风投蜂拥的领域。

　　国内介绍量子信息国家战略布局、科技及产业动态的优质报告资源比较有限，大部分主流信息主要以英文资料翻译为主，不利于及时了解我国量子信息科技与产业发展同全球各国发展的竞争位势，以及量子信息相关的教育普及。量子创投界一直致力于追踪全球量子信息科技与产业发展动向，同时建立了全球量子信息数据库，拥有大量数据和资源，并持续更新《全球量子产业前瞻系列年度报告》，希望能为推动我国量子信息科技事业发展尽绵薄之力。

　　本报告共6个章节，第一、第二章从战略及政策、最新技术发展及应用、产业化动态和投融资情况及特点介绍全球量子信息技术及产业发展态势；第三至第五章具体介绍量子计算、量子通信、量子测量三大量子领域的技术最新发展、专利分析、技术产业及生态发展、应用及发展潜力；第六章展望三大量子领域的技术发展趋势及产业应用发展趋势。

本报告核心观点如下：

① 量子计算领域：量子处理器研究方向种类繁多，各方向研究稳步推进；量子计算硬件技术百花齐放，工程研发仍在攻坚；量子软件算法创新活跃，开源开放多样发展；量子计算登上云端，满足更多用户体验。量子计算技术处于研发阶段，已经赋能多行业多领域发展，在金融领域具有明显的先发优势，拥有百亿级市场规模潜力。

② 量子通信领域：量子保密通信核心技术不断深化，研发指标显著提升；公钥密码中QKD 不是唯一方案，PQC 或将与其竞争；量子通信网络建设规模扩大，全球加速开展布局。我国量子通信技术、产业及应用已领先全球发展，截至 2022 年底处于应用推广阶段。全球量子通信产业市场将持续扩大，量子互联网是未来的发展方向。

③ 量子测量领域：光学时钟、原子钟是量子时间测量的前沿研究热点；角速度传感器、核磁共振陀螺技术在量子导航分支中发展较成熟；量子测量研究起步较早，已形成模块化商品应用；量子重力仪技术优势展现，出现第一个商业化产品。超精度、小型化、低成本是量子测量技术应用的发展趋势，量子测量适用于高精尖领域，大规模商业推广尚需时日。

④ 截至 2022 年全球量子公司的融资特点是融资轮次大部分处于种子轮和 A 轮，融资金额大，投资一线机构多，融资轮次密。全球量子技术的投资多达 2/3 集中在量子计算领域，其中包括量子计算硬件、软件或全栈公司，而来自量子安全、量子传感和量子通信等领域的公司获得的投资相对较少。2022 年全球范围内量子领域的融资公司多数来自欧美，北欧国家量子公司投融资市场较活跃。中国量子公司的融资热度逐渐提升，融资金额在数千万元至数亿元不等。

⑤ 量子技术三大领域产业应用发展趋势：量子计算开始商业化，未来将会出现可扩展、可容错的门模型量子计算机；量子通信网络规模加速扩大，量子互联网应用前景巨大，以及后量子引领新的密码时代；量子测量仪器向小型化发展，测量体系的准确性和便捷性将会逐渐提高，在航空设备方向将会出现颠覆性变革。

目　录

第一章
2022 年全球量子信息技术及产业发展态势

一、全球量子信息领域战略及政策

迄今为止，量子科技已有百余年的发展史，而量子信息则仅仅只有 40 年，但其重要性却不言而喻。20 世纪 90 年代以来，美国、欧洲、日本等相继开始了量子通信技术的研发与应用。近年来，量子信息技术方兴未艾，量子信息技术催生的技术变革和装备发展在不断改变世界的面貌，逐步成为经济社会跨越发展的基石和动力。

量子信息科技属于战略性、基础性的前沿科技创新领域，可以在确保信息安全、提高运算速度、提升测量精度等方面突破经典技术的瓶颈，事关全球科技革命和产业变革的走向，是国际竞争的焦点。各国政府高度重视量子科学研究发展，量子信息领域成为世界主要国家竞相角逐的重要领域。美国、欧洲、日本、韩国、印度等国家和地区均已出台量子产业国家战略或发展规划，在制定法案、资金支持、人才培养、技术孵化、国际合作等方面不断加码，投入数以亿计的战略资金加强量子领域的科技研发，推进量子科技前沿技术研究及创新成果的应用。目前全球量子科技呈现中美领跑、各国争相角逐的世界竞争格局，大国博弈日趋激烈。从科研投入看，各国在量子计算、量子通信、量子测量等领域均投入大量资源，力争在量子科技领域具有竞争优势。

（一）量子信息领域政策部署

1. 美国：力求维持量子技术优势地位

美国聚焦量子计算、量子传感、量子网络、量子器件和理论等四大基础科学类别，以及支持技术、未来应用和风险缓解等三大技术开发类别。从 2022 年美国发布的量子领域政策来看，美国加码部署后量子密码（PQC）领域研究，PQC 技术发展已进入关键时期，美国在这轮技术竞赛中已经抢占先机。为维护国家安全，美国于 2017 年开始推动 PQC 算法标准化的研究。近年来，美国政府高度重视后量子密码技术，长期推进相关技术遴选和标准化工作，近期更是密集出台相关举措，不断加快后量子密码孕育和推广的步伐（表 1-1）。

表 1-1 2022 年美国量子领域战略政策

时间	政策计划	推动部门	主要内容
1 月 19 日	加强国家安全、国防部和情报系统网络安全	美国总统拜登签署	美国国家安全机构在当前的联邦网络安全计划中首次特别提到后量子密码
2 月 9 日	量子信息科学和技术劳动力发展国家战略计划	美国白宫科技政策办公室（OSTP）	促进先进技术教育和推广，培养下一代量子信息科学人才，以跟上量子科学领域不断增长的就业岗位
3 月 25 日	将量子传感器付诸实践的战略计划	美国国家科学技术委员会量子信息科学小组委员会（SCQIS）	推动量子传感技术从基础研究过渡到商业化应用
5 月 4 日	第 14073 号行政命令	美国总统拜登签署	通过强化国家量子计划咨询委员会来推动尖端科学技术突破
5 月 4 日	国家安全备忘录	美国总统拜登签署	推动美国在量子计算领域的领导地位建设，同时降低易受攻击的密码系统安全风险
7 月 12 日 /12 月 10 日	量子计算网络安全防范法案	美国众议院通过 / 美国参议院通过	旨在应对信息技术系统向后量子密码学时代迁移的状况。这是在 NIST 公布第一批后量子密码标准算法后，美国在量子安全方面采取的最大动作
9 月 7 日	商业国家安全算法套件 2.0	美国国家安全局（NSA）	以告知国家安全系统（NSS）所有者、运营商和供应商，部署未来的抗量子算法 NSS 要求
12 月 15 日	量子互联路线图	美国能源部（DOE）	指导量子计算、量子通信和量子传感设备的开发，用 10 ~ 15 年时间计划开发量子信息分布式技术所需的研究和科学发现

来源：根据公开资料整理。

作为最早将量子信息技术列为国防与安全研发计划的国家，美国早在 1994 年就开始将量子信息技术作为国家发展重点，启动了相关政策规划。近年来，美国已通过"量子信息科学和技术发展规划"等项目，持续支持量子信息各领域研究。最近两年，无论是在研究，还是教育上都投入巨资，并表示要成为量子信息科学标准的制定者和领导者。2018 年，美国制定量子信息科学的国家层面的战略——《量子信息科学国家战略概述》，时任总统特朗普签署了《国家量子计划法案》，提出开发新一代传感器、打造量子计算机、建立全球量子通信系统的三大目标，进一步整合了政府、工业界和学术界的资源以推动量子技术的发展。2019 年以来，美国《国防授权法案》持续引导和规划量子信息战略实施，其中要求美国国防部（DoD）发展量子计算潜在优势。2020 年 2 月，国家量子协调办公室（NQCO）发布《美国量子网络战略构想》，提出美国将开辟量子互联网，确保量子信息科学惠及大众。同年 10 月，NQCO 发布《量子前沿报告：国家量子信息科学战略参考报告》，在量子模拟、量子精密测量、量子纠缠等 8 个前沿领域提出关键研究问题，该报告是美国量子信息科学发展的重要路线。拜登政府将量子计算视作美国未来科技不可或缺的一部分。2021 年 3 月，白宫发布《国家安全临时战略指南》，强调量子计算等新兴技术有望改变各国之间的经济和军事平衡。拜登在上任后的首次新闻发布会上强调了量子计算对美国未来竞争力的重要性。2021 年 4 月，拜登表示美国将投入1800 亿美元用于"未来的研发和产业"，其中包含量子计算机在内的先进计算及半导体的设计和制造。2022 年 10 月 6 日，美国总统拜登访问了位于纽约州 Poughkeepsie 的 IBM 工厂。

美国政府通过建立有效协调机制，相继成立量子信息科学小组委员会、国家量子协调办公室、量子科学经济和安全小组委员会、国家量子计划咨询委员会等多个组织，来支持、协调、监督和评估量子信息研发活动。国家标准与技术研究院、国家科学基金会、能源部、国防部等是美国量子信息领域的主要战略科技力量，积极推动量子信息发展。

2. 欧洲：量子技术研发规划不断加码

欧洲聚焦量子通信、量子模拟、量子传感与计量、量子计算等四大技术方向。2022 年，英国、法国、德国等国家出台政策加强量子计算领域部署。欧盟委员会制定《欧洲芯片法案》旨在促进欧洲半导体产业的发展，特别强调开发和提供一个联合的欧洲量子技术制造能力（表 1-2）。

表 1-2　2022 年欧洲量子领域战略政策

国家及组织	时间	政策计划	推动部门	主要内容
法国	1 月 4 日	启动全国量子计算平台	政府	平台致力于将量子计算机和传统计算机系统联通，向国际实验室、初创企业和制造商等提供服务，旨在促进它们获得量子计算的能力。通过该平台，法国军队和参与国防的相关部门将能够发展真正的量子技术，从而提高军事战略优势。初始投资 7000 万欧元，目标投资总额 1.7 亿欧元
欧盟	2 月 11 日	欧洲芯片法案	欧盟委员会	该法案还特别强调欧洲必须培养量子芯片开发的技术和工程能力，也多次提到量子芯片和量子技术的重要性，以及为量子芯片及其测试和实验开发试点生产线
英国	3 月 23 日	2022 年春季声明	英国政府	支持英国具有比较优势的新兴行业，如人工智能、量子计算和机器人技术等
英国	6 月 13 日	英国数字化战略（更新）	英国政府	侧重于发展对经济增长"必不可少"的 6 个关键方面，其中包括量子计算等未来技术的创意和知识产权
德国	6 月 21 日	量子系统研究计划	德国联邦教育和研究部	在未来 1 年内带领德国在欧洲量子计算和量子传感器网络中名列前茅，并扩大德国在量子系统方面的竞争力
欧盟	7 月 5 日	新欧洲创新议程	欧盟委员会	联合欧盟各国力量，建立引领全球硬科技创新的行业领导力，其中包括量子计算

续表

国家及组织	时间	政策计划	推动部门	主要内容
欧盟	12月2日	战略研究和产业议程（SRIA）	欧盟委员会	四大技术支柱量子计算、量子模拟、量子通信、量子传感和计量，以及劳动力发展和标准化等横向问题的2030年路线图

来源：根据公开资料整理。

欧洲作为量子理论的发源地，高度重视量子信息技术对国家安全、经济发展等方面的影响，投入众多资源大力发展相关技术。2005年，欧盟发布《欧洲研究与发展框架计划》并提出专门用于发展量子信息技术的《欧洲量子科学技术》和《欧洲量子信息处理与通信》两个计划，成为继欧洲核子中心、航天技术后的又一次大规模国际合作。2016年3月，欧盟委员会发布《量子宣言》，计划斥资10亿欧元推动量子技术旗舰计划，旨在共同建立欧洲的量子科技产业，在宏观上为整个欧洲的量子产业发展奠定了战略基础。2020年，欧盟发布《战略研究议程（SRA）》报告，计划在未来三年内加紧共同建设欧洲的量子通信网络，完善和扩展现有数字基础设施，为未来的量子互联网奠定基础。

此外，欧洲各国也制定了自己的发展计划，在国家层面上推动着整个欧洲量子科技的发展，如英国、德国、俄罗斯等国家也制定了相应的发展战略来规划本国的量子科技发展。欧洲其他国家量子技术发展主要聚焦在量子通信、量子模拟器、量子传感器、量子计算机等领域，并从宏观、微观层面出台了一系列的量子科技发展计划，形成了以欧盟为引领，各国持续跟进的多轮驱动发展态势[①]。

3. 日本、韩国、澳大利亚：在量子技术领域竭力追赶

日本聚焦四大量子技术领域，包括量子计算与量子模拟、量子测量与传感、量子通信与密码学、量子材料在内的子领域。近年来，日本在量子技术领域资助了大量基础研究项目，并将量子技术提升至战略高度。2009年，日本内阁在"最尖端研发支援计划"（FIRST）中资助了量子信息处理项目；2014年通过"革新性研究开发推进计划"（ImPACT）资助量子人工脑项目；2016年，在"第五期科学技术基本计划（2016—2020）"中日本政府将光量子技术定位为未来共性基础技术；2019年，提出加强量子技术重要领域的研发支持和基地建设；2020年和2021年进一步强调将量子技术作为战略性基础技术，推进基地建设和人才培养[②]。2022年，日本政府的综合创新战略推进会议对于定位为重要技术的人工智能（AI）和量子技术，敲定了将推进研究和实用化的新战略，计划建设首台可进行超高速计算的国产量子计算机。

韩国虽然在半导体领域是强国，但与量子领域的领先者差距还是较大，在专业人力和市场规模方面也处于劣势。2019年，韩国科学与信息通信技术部宣布将在未来五年投资4000万美

---

① 游桂，成阳志，杨雨珂，等.世界主要大国和地区的量子科技政策沿革及军民两用应用情况［J］.军事文摘，2022（6）：11-14。

② 邹丽雪，刘艳丽.日本量子技术科技战略研究［J］.全球科技经济瞭望，2022，37（5）：7-13。

元用于量子计算，包括量子计算机硬件和量子计算新架构、量子算法、基础设施等。

2022 年，澳大利亚政府宣布量子领域采取多项措施，包括启动国家量子战略制定工作，以发展澳大利亚的量子产业，并支持量子技术创新应用和商业化[①]。澳大利亚政府公布了 2021 年国家研究基础设施（NRI）路线图，提出量子科学与技术的重要性日益增加，澳大利亚也在加强量子领域的国际合作关系（表 1-3）。

表 1-3　2022 年韩国、日本、澳大利亚量子领域战略政策

国家	时间	政策计划	推动部门	主要内容
日本	2 月 10 日	量子人才培养与保障推进政策	日本文部科学省	构建促进国内外活跃交流的机制；建立教育生态系统，培养"××+量子"人才；为青年研究人员独立开展相关研究提供持续保障；在全社会推进广泛量子技术的宣传；构建涵盖产业界的研究与人才生态系统
日本	4 月 22 日	量子社会未来展望	日本政府	该战略要求在本财年开发日本第一台"全国产"量子计算机，到 2030 年将量子技术的用户数量增加到 1000 万，以加速量子技术在日本的普及
韩国	6 月 28 日	2023 年度国家研究开发事业预算分配调整（案）	韩国政府	2023 年韩国的研发预算为 24.6601 万亿韩元（折合人民币 1282 亿元）。新政府将在半导体、尖端生物、宇宙航空、量子等战略技术领域投入 3.4791 万亿韩元
澳大利亚	4 月 7 日	国家研究基础设施（NRI）路线图	澳大利亚政府	指导澳大利亚的 2022 年研究基础设施投资计划，该战略的制定将为量子商业化中心和澳大利亚量子招股说明书提供信息。澳大利亚将投资 1.11 亿澳元制定国家量子战略，其中 7000 万澳元将用于资助量子商业化中心，帮助澳大利亚企业获得发展、进入新市场和吸引投资所需的支持及基础设施建设

来源：根据公开资料整理。

（二）量子信息领域国家合作

2021 年、2022 年，欧美很多国家开始加强量子信息科技领域政府之间的战略合作，合作方式以发表联合声明为主，合作涉及面较广，共同制定发展规划或共同投入资金开展量子领域项目，合作培育量子领域人才，加强建立全球市场和供应链，以促进量子技术研究与量子产业发展。

近年来，欧美的科技强国不断加大量子领域国家间的合作，如 2019 年美国分别与日本、英国、澳大利亚达成量子信息领域合作盟约，2022 年合作国家扩展至芬兰、瑞典、丹麦（表 1-4）。2021 年 27 个欧盟成员国签署协议，承诺与欧盟委员会和欧洲航天局（ESA）

[①]　https：//baijiahao.baidu.com/s？id=1729805665655851585&wfr=spider&for=pc。

合作，共建覆盖整个欧盟的安全量子通信基础设施 EuroQCI。印度后起发力，2022 年，与美国、芬兰、以色列密切联系以期达成量子信息网络合作。

表 1-4　2022 年全球量子领域合作国家

合作方	时间	成果	主要内容
美国科罗拉多州、芬兰	2 月 22 日	签署有效期为 5 年并可续签的备忘录	该备忘录建立了以创造投资、研发及商业交流为核心的合作伙伴关系，涉及领域包括量子技术和航空航天技术
美国、芬兰	4 月 5 日	量子信息科学与技术合作联合声明	发挥两国在科技创新和科技创新支持领域的优势，推动创新研究，拓展未来市场，建立强大的供应链，培养新一代技能与人才
美国、瑞典	4 月 5 日	量子信息科学技术（QIST）合作联合声明	使两国能够利用各自在量子信息科学领域的优势，建立全球市场和供应链，创建相互尊重和包容的科学研究社区，并培养未来一代的技能和潜在人才
印度、芬兰	3 月 9 日	计划建立量子计算虚拟网络中心	合作建立该虚拟网络中心，利用两国科学生态系统和强大的 IT 社区，加强量子技术
美国、丹麦	6 月 9 日	量子信息科学与技术合作的联合声明	利用两国在量子信息科学技术（QIST）方面的优势，加强供应链，发展产业基础，培养未来几代量子人才

来源：根据公开资料整理。

（三）国家及组织支持量子信息领域项目

各国纷纷提供专项资金支持具有国家战略意义的量子技术研发项目，有针对性地加速量子关键技术的发展。2022 年，美国重点扶持量子网络、量子计算项目，美国能源部布鲁克海文国家实验室推出了一个新的量子网络设施，致力于推进全球量子通信网络新领域发展。美国空军正开发世界第一个基于无人机的量子网络。欧盟计划总投资约 60 亿欧元，建立卫星星座基础设施。德国联邦教育和研究部在量子计算领域资助 3 个项目，合计 1.5 亿欧元，研发用于开发下一代超导量子处理器、光量子芯片等。英国、澳大利亚、以色列开发了本国的第一台量子计算机，其中以色列国防部和创新局投资约 6200 万美元资助研发（表 1-5）。

表 1-5　2022 年国家及组织支持量子领域项目

国家及组织	时间	推动部门	主要领域	主要内容
美国	3 月 11 日	美国空军研究实验室之 Rome Lab	量子计算	美国两党综合立法包括为 Rome Lab 提供 2.93 亿美元，以推动革命性的量子和无人机系统技术以此与中国竞争，并加强美国国家安全
	5 月 4 日	国际斯坦福研究院的量子经济发展联盟、美国商务部国家标准与技术研究所	量子计算、量子网络、量子通信、量子传感	合作一项 230 万美元的研究计划，以推进低温技术，从而实现量子信息科学技术的创新。该计划旨在消除量子信息技术在计算、网络、通信和传感方面的应用取得进展的障碍
	5 月 20 日	美国能源部布鲁克海文国家实验室	量子通信	推出了一个新的量子网络设施，将为来自美国和世界各地的科学家提供服务，致力于推进量子通信网络新领域发展
	5 月 25 日	美国空军	量子网络	开发世界第一个基于无人机的量子网络
	6 月 27 日	美国海军研究实验室（NRL）	量子网络	美国六大政府机构合作成立华盛顿城域量子网络研究联盟（DC-QNet），创建、演示和运行一个量子网络区域试验台
	10 月 28 日	美国国家科学基金会	量子计算	宾夕法尼亚州立大学的一组研究人员获得了美国国家科学基金会 120 万美元的拨款，用于研究量子计算机和人工智能在药物设计和开发中的应用
新加坡	2 月 21 日	新加坡国家研究基金会（NRF）	量子通信	新加坡建立国家量子安全网络，新加坡的量子工程计划（QEP）将开始在全国范围内对量子安全通信技术进行试验，这些技术承诺为关键基础设施和处理敏感数据的公司提供强大的网络安全性
	5 月 31 日	政府	量子计算	新加坡副总理、经济政策协调部长和国家研究基金会（NRF）主席王瑞杰（Heng Swee Keat）在亚洲科技 × 新加坡（AT×SG）峰会宣布 QEP 新增了两个新项目——国家量子计算中心（NQCH）和国家量子无晶圆厂（NQFF）
韩国	6 月 10 日	政府	量子计算	韩国研究机构和私营公司携手组建了一个由政府发起的工作组，在 2026 年底前开发 50 量子比特的量子计算机，目的是赶上在量子计算领域遥遥领先的美国和中国

续表

国家及组织	时间	推动部门	主要领域	主要内容
欧盟	2 月 15 日	欧盟	量子通信	计划总投资约 60 亿欧元，建设卫星星座基础设施，并与欧洲量子通信基础设施集成，以借助量子加密技术为成员国的经济、安全和国防等提供安全通信
	10 月 14 日	欧洲量子互联网联盟（QIA）	量子通信	启动了为期 7 年的计划：开发一个连接遥远城市的全栈式原型网络，构建"欧洲制造"的量子互联网生态系统
英国	6 月 10 日	英国国防部（MoD）	量子计算	获得了本国的第一台量子计算机
法国	6 月 20 日	法国国防采购机构（DGA）	量子通信	法国航空、国防及信息技术集团泰雷兹和无线电通信公司 SYRLINKS 共同与 DGA 共同开发新一代超小型的高性能原子钟
德国	7 月 5 日	德国联邦教育和研究部	量子计算	资助 3 个量子计算项目，合计近 1.5 亿欧元。分别是固态量子计算机（QSolid）项目，用于开发下一代超导量子处理器；PhoQuant 项目，用于为光量子计算机芯片和其他量子计算机组件建立演示和测试设施；基于金刚石的自旋光子量子计算机（Spinning）项目，用于开发紧凑型可扩展的量子处理器——基于金刚石自旋量子比特
	11 月 5 日	德国航空航天中心（DLR）	量子计算	德国航空航天中心（DLR）现已与 5 个量子领域相关公司签署了离子阱技术研究的合同，而作为 DLR 量子计算计划的一部分，原型量子计算机将在 4 年内创建
澳大利亚	8 月 1 日	澳大利亚国防部	量子计算	公布了一款新型超级计算机 Taingiwilta，比标准计算机快 100 万倍。其将在现代武器系统和国家安全系统的设计、开发和分析中发挥至关重要的作用
以色列	2 月 6 日	以色列国防部和创新局	量子计算	投资约 6200 万美元来资助以色列的第一台量子计算机

来源：根据公开资料整理。

（四）全球量子领域新建实验室

实验室是科学的摇篮，是科学研究的基地，对科技发展起着十分重要的作用，代表了世界前沿基础研究的较高水平。为推动量子信息领域的发展，建立量子领域实验室也是各国政府支持量子研究和技术开发的主要举措。全球量子实验室从宏观上进行分类可分为实验室、研究中心、研究院、研究所等诸多类型，本质上它们都是服务量子信息科学研究的主体，同时量子领域实验室在培养量子人才、量子技术的开发及商业化等方面发挥重要作用。一些研究中心有长达 20 年的历史，如澳大利亚研究委员会（ARC）的量子计算和通信技术卓越中心（CQC2T）、荷兰量子计算研究中心（QuTech）和量子软件研究中心（QuSoft）、新加坡量子技术中心（CQT）等[①]。表 1-6 为 2022 年全球量子领域新建重点实验室。

表 1-6 2022 年全球量子领域新建重点实验室

国家	实验室	成立时间	牵头机构 / 人	研究方向
美国	量子信息科学和工程中心	4 月 26 日	美国俄亥俄州立大学	量子通信、量子计算、量子传感
	AWS 量子网络中心	6 月 21 日	亚马逊 AWS	为量子网络（或量子通信）开发新的硬件、软件和应用程序
英国	量子计算实验室	2 月 10 日	Quantum Motion（伦敦大学学院和牛津大学的学者领导）	研究量子计算机（截至 2022 年英国最大的独立量子计算实验室）
荷兰	量子应用实验室	3 月 23 日	公私研发合作	探索量子计算的优势并将其推向市场
丹麦	尼尔斯·玻尔研究所量子技术开发中心	4 月 5 日	北约	开发和测试量子领域新技术，以加速国防领域发展
新加坡	国家量子计算中心（NQCH）	5 月宣布	新加坡量子技术中心（CQT）	开发量子计算并通过行业合作探索应用
韩国	韩国量子产业中心（K-QIC）	1 月 26 日	韩国科学技术信息通信部	培育量子技术，分享商业化努力和技术发展的成果，并支持行业之间的合作
以色列	量子计算研发中心	7 月	以色列创新管理局	3 种量子处理技术（超导量子比特、冷离子和光学计算机）的所有硬件和软件层
印度	SRMIST Qkrishi 量子信息和计算卓越中心	9 月	Qkrishi Quantum Private Limited 和 SRM 科学技术研究所	致力于尖端量子算法和应用研究，专注金融、药物发现、物流优化、汽车和机器学习等领域

来源：根据公开资料整理。

二、全球量子信息领域最新技术发展及应用

本小节按国家分类列举 2022 年量子信息技术最新科研动态，汇总整理如下。

---

① 光子盒．2022 全球量子科技政策报告 [2023-07-15]．https://www.quantumchina.com。

（一）美国

表 1-7 列出了 2022 年美国量子信息技术领域重要科研进展。总体特征为：量子计算为主要研究方向，高校、科研单位及国际巨头公司为主要研究主题，学术进展类型多样化，内容涉及量子比特、量子储存、量子计算机、量子网络、后量子密码等。

表 1-7 2022 年美国量子信息技术领域重要科研进展

时间	研究主体	研究方向	重要进展
2 月 7 日	美国能源部阿贡国家实验室和芝加哥大学	量子计算	实现按需读出量子比特，完整保持量子态 5 s 以上——这是此类设备的纪录
2 月 16 日	加州理工大学	量子计算	首次利用富含核自旋的固态材料实现了量子存储
3 月 4 日	芝加哥大学	量子计算	创建了一个 512 量子比特的模型，是迄今为止组装的最大的量子比特阵列，超过了 IBM Eagle 处理器的 127 量子比特
3 月 14 日	Maybell Quantum	量子计算	推出为下一代量子计算机提供动力的低温平台——Icebox 稀释制冷机
3 月 31 日	富士通公司（Fujitsu）	量子计算	开发出世界最快的模拟量子计算机，能够在以富士通超级计算机 PRIMEHPC FX 700 为核心的集群系统上处理 36 量子比特的量子电路
6 月 27 日	伊利诺伊快速量子网络（IEQNET）的研究团队	量子通信	成功在两个国家实验室之间使用本地光纤部署了一条长距离量子网络，该网络同步精确到位于两地的时钟仅有 5 皮秒的时间差
7 月 6 日	美国国家标准与技术研究院（NIST）	量子通信	发布首批 4 种抗量子密码算法，可以抵御未来量子计算机的攻击
8 月 28 日	谷歌	量子计算	在"悬铃木"量子计算机上成功用 12 量子比特模拟了二氮烯的异构化学反应，这是量子计算机上首次进行的化学模拟
10 月 5 日	英特尔	量子计算	硅自旋（半导体）量子比特芯片良率高达 95%，刷新了硅自旋量子比特数量的纪录——12 比特，成为量子芯片生产研究方面达到关键里程碑

来源：根据公开资料整理。

（二）欧洲

表 1-8 列出了 2022 年欧洲量子信息技术领域重要科研进展。与美国相比，欧洲量子通信和量子测量科研突破较多，重要研究内容涉及量子测量技术应用、量子通信网络、量子比特等。

表 1-8 2022 年欧洲量子信息技术领域重要科研进展

时间	国家	研究主体	研究方向	重要进展
1 月 20 日	匈牙利	QANplatform	量子通信	研发世界上第一个兼容以太坊、抗量子的区块链，开发者和企业将在 QAN 区块链平台上
2 月 23 日	丹麦	丹麦技术大学（DTU）、毕马威公司	量子通信	首次在丹麦丹斯克银行的两台模拟数据中心计算机之间实现数据的量子安全传输，标志着北欧首次在实验室外网络上通过量子密钥进行数据安全传输
2 月 23 日	英国	国家量子技术中心	量子测量	发明世界上第一台非实验室条件下的量子重力梯度仪，是量子测量领域期待已久的里程碑
3 月 24 日	日内瓦	日内瓦大学（UNIGE）	量子通信	成功在晶体（"存储器"）中存储 1 量子比特只需 20 ms，创造了世界纪录，为开发长距离量子通信网络奠定重要基础
7 月 28 日	法国	Pasqal	量子计算	量子比特数量第一次突破 300 个，这开启了欧洲量子计算的里程碑
8 月 2 日	法国、意大利	iXblue、意大利国家地质和火山研究所地震台网中心	量子测量	实现了世界上第一次将量子重力仪用于火山活动引起的重力变化的探测。即使在其他技术无法使用的条件下，这种设备也可以提供高质量的数据
10 月 24 日	英国	伦敦大学、Quantum Motion	量子计算	可以将数以千计的量子点设备与控制电子装置集成在一起，在绝对零度以上不到 1/10 的温度下运行，并全部实现在一个商业半导体代工厂制造的单一硅芯片上。这为利用现有硅制造工艺大规模生产量子芯片奠定了基础
11 月 29 日	德国	Trustech、英飞凌科技股份公司、德国联邦印刷局等	量子计算	世界上第一个满足量子计算时代安全要求的电子护照，成功有效地实施了抗量子加密程序，并使其在实践中可用

来源：根据公开资料整理。

（三）其他国家

表 1-9 列出了 2022 年澳大利亚、日本、韩国量子信息技术领域重要科研进展，总体特征为：量子计算为主要研究方向，内容涉及精度提高、新技术探索、量子算法加速等。

表 1-9　2022 年澳大利亚、日本、韩国量子信息技术领域重要科研进展

时间	国家	研究主体	研究方向	主要进展
3 月 3 日	澳大利亚	墨尔本大学	量子计算	打造出由 57 个量子粒子组成的时间晶体，是谷歌的 2 倍多，打破世界最大时间晶体纪录
6 月 23 日		新南威尔士大学	量子计算	创造了世界上第一个量子计算机电路，包含处于量子规模的经典计算机芯片中所有的基本组件，标志着量子计算向前迈出了一大步
6 月 24 日		硅量子计算公司（Silicon Quantum Computing，SQC）	量子计算	推出世界上第一个在原子尺度上制造的量子集成电路（量子处理器），并利用该处理器解决了理查德·费曼在 63 年前提出的难题
2 月 16 日	日本	昭和电工	量子计算	实现了量子计算技术加速探索半导体材料最佳配方的时间从传统方法的几十年缩短到几十秒，实现加速 7.2 万倍
3 月 22 日	韩国	基础科学研究所（IBS）	量子计算	使用量子充电将使电动汽车充电加速 200 倍，将量子电池将电动汽车充电时间从 10 h 缩短到 3 min
4 月 24 日		移动运营商 LG Uplus（LG U+）	量子通信	推出了韩国首个后（抗）量子密码（PQC）商业服务，可以防御对量子计算机的黑客攻击，是世界上第一个后量子密码专线服务

来源：根据公开资料整理。

三、全球量子信息领域产业化动态

量子信息产业化的本质是量子计算、量子通信、量子测量等三大领域技术的商用化水平，随着量子信息产业三大领域技术的迅猛发展，相应的商业应用落地也开始逐渐崭露头角，已经出现相关产品雏形。量子计算领域处于早期探索阶段，核心参与者不多，但在硬件和软件方面已经出现了原型机和相关软件等产品。在量子处理器上，典型的产品有谷歌的"Sycamore"（悬铃木），中科大的"九章""祖冲之号"，IBM 的"Eagle"（鹰）等；在核心元器件上，以超导量子计算机为例，必不可少地包含低温设备（以 mK 级稀释制冷机为主）和测控系统。在量子软件方面，程序设计主要围绕硬件进行开发，现阶段主要是为研发服务的程序，如可供芯片电路设计与验证、实验结果分析等，提高研发效率，降低研发试错成本，诸如我国本源量子发布首款国产量子计算机操作系统——本源司南，实现量子资源系统化管理等。在量子云平台方面，主要用于允许来访用户操作构建量子电路并使其在真实的量子硬件或模拟器上运行。量子通信领域较量子计算产业化进程较快，量子保密通信产业仍处在应用的早期阶段，但诸多方面尚未定型。量子通信产品主要集中在相关核心设备领域，包括量子光源、单光子探测器、QKD 设备、量子路由器、量子交换机、量子随机数发生器、量子卫星地面站等设备，这些硬件是支撑量子通信的基石。除此之外，随着量子技术的

不断发展，相关量子通信产品已逐渐走向普通消费者，特别是移动加密应用产品，包括量子安全服务移动平台、量子安全 U 盾、量子安全加密卡产品、量子密钥充注机、量子安全手机等。量子测量领域目前还处于初级阶段，产业尚不具规模。在量子时钟时频领域，商业化的产品主要是各类微波原子钟、微波芯片级原子钟及时频同步类产品等。在量子磁测量领域，商业化较为成熟的是 SQUID 磁力计等。在量子重力测量领域，主要产品有冷原子干涉重力仪、冷原子陀螺仪与加速度针等，但成熟的公司极少。此外，AFM 和 EPR 等科学仪器设备都已经有成熟的商业化产品。

（一）量子领域产业主要动态

2022 年量子信息应用主要涉及的产业有汽车、密码、金融、能源、物流、气象、医疗、交通和航空、物联网、通信等，具体产业动态按照应用领域分类整理如下。

1. 汽车

1 月 20 日，现代汽车公司和离子阱量子计算领域的领导者 IONQ 合作开发新的变分量子本征求解器（VQE）算法，用于研究锂化合物和电池化学反应，量子驱动的化学模拟有望显著提升锂电池的质量。

4 月 20 日，量子计算的领导者 IONQ 和现代汽车公司宣布了一个新项目，旨在将量子机器学习应用于未来移动设备的图像分类和 3D 物体检测。

5 月 27 日，Zapata 利用量子计算助力国际赛车队 Andretti Autosport。Zapata 的经典量子软件平台 Orquestra 专为企业规模设计，应用量子计算技术和方法，可以提高经典计算机的性能，尤其是在问题优化、机器学习和模拟用例上。车队正在利用 Andretti Autosport 的关键数据集，建立先进的 ML 模型，以更好地了解轮胎老化原因，确定节省燃料的方式，并改进黄旗预测模型。

2. 密码

1 月 5 日，Strangeworks 和 Quantinuum 整合了全球首个量子增强型加密密钥服务。

4 月 21 日，LG Uplus 推出了韩国首个抗量子密码学商业服务，可以抵御来自量子计算机的黑客攻击，通过不断改进技术使抗量子加密技术应用于有线和无线通信。

4 月 24 日，东芝（Toshiba）和芝加哥量子交易所（CQE）宣布在芝加哥大学和美国能源部阿贡国家实验室之间启动量子密钥分发（QKD）网络链接，使用东芝的复用 QKD 单元。该链接是正在美国建立的多节点量子网络的一部分。

4 月 26 日，韩国电信运营商 SK 旗下 IDQ 量子加密芯片的三星 Galaxy Quantum 3 在韩国发售，与先前产品相比，Galaxy Quantum 3 增加了服务的安全性和易用性。

4 月 27 日，英国电信（BT）和东芝（Toshiba）与安永公司一起推出了世界上第一个商业量子安全地铁网络。该基础设施将连接整个伦敦的众多客户，帮助他们使用量子密钥分发（QKD），在标准光纤连接的多个物理位置之间安全传输宝贵的数据和信息。

3. 金融

3 月 4 日，西班牙领先的金融集团 CaixaBank 和 D-Wave Systems Inc. 完成了用于投资组合优化和投资对冲计算的两个重要金融量子混合计算应用的商业成果，大大缩短了解决复杂金融问题的计算时间，改善了投资组合优化，提高了债券组合内部收益率（IRR），并最大限度地降低了对冲操作所需的资本。

4 月 5 日，IBM 发布了下一代系统 IBM z16，集成了芯片上的 AI 加速器，提供了优化的延迟推断，使客户能够大规模地分析实时交易——针对关键任务的工作负载，如信用卡、医疗保健和金融交易。

4 月 12 日，IBM 云推出新的即用即付计划（pay-as-you-go）的测试版，为任何拥有 IBM 云账户的用户提供对两个 27 量子比特的 Falcon 处理器访问权限。

4 月 15 日，Multiverse Computing 与加拿大银行完成了一个概念验证项目，使用量子计算来模拟非金融公司采用加密货币作为支付方式。

7 月 13 日 NVIDIA 推出了一个新的编程平台——QODA（Quantum Optimized Device Architecture），用于加速人工智能、HPC、健康、金融和其他学科在量子研究和开发上的突破。

7 月 20 日，万事达卡和 D-Wave 将在消费者忠诚度和奖励、跨境结算和欺诈管理等领域合作研发量子混合应用程序，此次合作将通过 Leap™ 量子云服务使用 D-Wave 的退火量子计算机和量子混合求解器，在万事达卡的网络支持下安全可靠地提供对量子应用的实时访问。

4. 能源

3 月 10 日，量子技术开发商 Pasqal 和沙特石油公司（ARAMCO）正式开展合作，加速量子机器学习的开发，共同对能源领域进行量子计算的应用探索，并极力推动沙特阿拉伯能源产业中量子技术的实际应用。

5. 物流

4 月 27 日，澳大利亚国立大学（ANU）实现 ANU 量子数（AQN）在线随机数生成器在亚马逊云科技（AWS）Marketplace 上推出，以扩大服务规模，并使其适用于超过 31 万名活跃的 AWS 客户。

6. 气象

5 月 27 日，PsiQuantum 公司正在打造世界上第一台实用规模的量子计算机，将量子硬件能力投入 Qlimate 确定的影响最大的气候变化用例中。这是量子计算机的可持续发展用例，是在 PsiQuantum 的容错机器上部署的算法，并对脱碳解决方案进行端到端的扩展。

7. 医疗

3 月 2 日，英国公司 Siloton 使用量子对准技术创造了新一代设备，作为监测老年黄斑变性患者疾病状态服务的一部分，利用量子技术改善眼睛健康。PIC 技术可作为其他健康问题的早期指标，并通过扩展获得巨大的经济效益。预计到 2040 年，监测老年性黄斑变性的规模将达到约 2.88 亿患者。PIC 将处于光学诊断成像技术的最前沿。

8. 交通和航空

4 月 7 日，Pasqal 与西门子合作研发中性原子的量子计算。Pasqal 与西门子开展多年研究合作，以推动量子计算多物理场仿真领域的发展。Pasqal 用于求解复杂非线性微分方程的专有量子方法有望提高西门子软件解决方案的性能，这些解决方案用于汽车、电子、能源和航空航天等领域的计算机辅助产品设计和测试。

9. 物联网

7 月 12 日，Crypto Quantique 宣布推出首个符合新 NIST 标准的后量子计算物联网平台。

10. 通信

6 月 14 日，韩国移动运营商 LG U+ 宣布与一所国立研究大学合作，使用量子计算机优化低地球轨道卫星网络的结构，以实现 6G 通信。

（二）量子产业发展联盟

世界发达国家和地区都在加大对量子科技的投入、加速研发进度，在这一进程中，产学研联盟成为很多国家和地区建设量子创新生态系统的战略性抓手。当前，产学研合作形式已经从传统的合作研究、委托开发、合建运行等互动方式逐渐进阶为战略联盟、创新联盟共同体等开放度、融合度、灵敏度更高的形式。产学研战略联盟和共同体形式是产学研合作的高级形态，也是产学研发展的最新态势之一，是一种相对稳定、联系密切的协同创新联合体和资源要素集聚平台。国际上的主要发达国家或地区正在通过建设量子产学研联盟、产学研社区来促进量子产业生态系统的形成和发育，以增强本身的量子国际竞争力[①]。以下梳理了 2022 年新建立的量子产业发展联盟。

① 4 月 2 日，新墨西哥州寻求建立一个更广阔的量子生态系统，新墨西哥州量子化联盟旨在将该州建成美国国家中心。新墨西哥州的科学、教育和经济发展领导人已经成立了一个联盟，为该州带来未来的量子计算工作。美国桑迪亚国家实验室、新墨西哥大学和洛斯阿拉莫斯国家实验室在新墨西哥州的量子研讨会上宣布了这个新联盟。

② 5 月 11 日，德国汉堡启动量子创新之都（Quantum Innovation Capital，QUIC）量子计算网络。这是一种类似 IBM Q Network 的量子计算产业联盟。

③ 6 月 27 日，美国海军研究实验室（NRL）宣布已与其他 5 个美国政府机构合作，成立华盛顿城域量子网络研究联盟（DC-QNet），创建、演示和运行一个量子网络区域试验台。

④ 9 月 14 日，哈佛大学和亚马逊网络服务（AWS）已经启动了战略联盟，以推进量子网络的基础研究和创新。通过由哈佛大学技术发展办公室牵头的为期三年的研究联盟，AWS 将为量子存储器、集成光子学和量子材料领域的教师主导和设计的研究项目提供支持。

---

①　秦庆，汤书昆. 国外典型量子产学研联盟案例研究及对中国的启示 [J]. 世界科技研究与发展，2023，45（2）：243-253.

（三）量子领域大型会议活动

量子领域相关研讨会议代表了这一领域的一些前沿动态和进展，主要围绕量子信息领域的最新科研进展与应用，共同探讨量子领域的技术创新和前沿发展。具有代表性的有中国举办的"量子计算与量子通信国际研讨会""新兴量子技术国际会议""量子信息技术学术交流大会"，美国举办的"量子计算领袖峰会"，欧盟举办的"ETSI量子安全密码技术大会"，等等。据权威媒体统计，2019—2020年全球量子领域相关大型研讨会议合计达到376次。表1-10为2022年全球量子领域大型会议活动。

表 1-10　2022 年全球量子领域大型会议活动

地区及国家	举办时间	活动名称	主办单位	举办地点	聚焦领域	主题
全球	1 月 17 日	2022 年世界经济论坛	世界经济论坛管理委员	瑞士	量子计算	世界经济论坛（WEF）承认已经在量子领域投入了数十亿美元，制定自己的量子计算指南，并表示："量子也许是 21 世纪最令人兴奋的新兴技术"
亚太	4 月 21 日	第四届亚太囚禁量子系统会议	清华大学	珠海	量子计算	本次会议主要围绕原子型量子信息技术及其应用展开。在离子阱量子计算方面，众多新技术引人注目，如大规模离子链下逻辑门高保真度实现方法、高保真度的离子比特操纵等
美国	6 月 28 日	量子计算领袖峰会	美国量子人工智能研究所	线上	量子计算	/
美国	7 月 12 日	第四届年度量子信息科学研讨会（Q4I）	美国空军研究实验室（AFRL）和空军科学研究办公室	纽约	量子计算	促进量子创新领域政府、学术界和行业合作者之间的联系
英国	6 月 15 日	伦敦量子计算峰会	/	伦敦	量子计算	表示量子计算行业将在英国量子技术的发展中发挥关键作用
韩国	6 月 29 日	通过科学和产业合作，加强下一代高性能计算（HPC）能力的会议	法国驻韩国大使馆、数字服务企业 Atos	首尔	量子计算	加强韩国与法国在量子计算方面的合作
中国	7 月 4 日	首届"量子计算＋金融科技应用"研讨会	玻色量子、北京朝阳国际科技创新服务有限公司	北京	量子计算	展示了量子计算与金融科技应用场景相结合的巨大潜力，推动量子计算落地应用，即将在金融科技领域率先发挥出其强大的赋能和加速能力

续表

地区及国家	举办时间	活动名称	主办单位	举办地点	聚焦领域	主题
中国	7 月 29 日	首届"Fin-Q"量子金融研讨会	北京金融街合作发展理事会金融科技专委会、中国建设银行	北京	量子计算	展示了量子信息技术在金融领域的创新应用具有巨大价值潜力,融合产学研等各界专家力量,培育与构建量子金融生态
美国	11 月 29 日	首届量子世界大会	Connected DMV	华盛顿	量子计算	重点关注量子科学和技术将对全球工业、政府和社会产生的变革性影响
中国	8 月 20 日	首届 CCF 量子计算大会（CQCC 2022）	中国计算机学会	郑州	量子计算	围绕量子计算的基础理论、软硬件研究、应用、教育和产业发展等多维度进行深入交流和探讨,为量子计算领域多学科交叉融合和多技术领域集成创新提供了良好的交流平台
中国	8 月 25 日	"量见未来"量子开发者大会	百度	北京	量子计算	中国量子计算发展趋势及产业化
美国	9 月 1 日	元宇宙量子计算峰会	The Quantum AI Institute	纽约	量子计算	涉及元宇宙和量子计算的介绍、发展和战略部署等,以实现可持续的价值创造和影响
中国	9 月 7 日	量子安全论坛"量子安全底座"	合肥市人民政府	合肥	量子通信	聚焦数字政府、公安司法、纪检监察、公共安全、金融等五类重点行业,将为智慧医疗、智慧交通、智慧金融、智慧能源等应用场景提供量子安全服务
中国	9 月 21 日	2022 量子产业大会	合肥市人民政府、安徽省科学技术厅、中国电信安徽公司	合肥	量子信息技术	量子科技发展趋势及未来产业化发展之路
全球	10 月 22 23 日	2022 国际量子会议（Quantum 2022）	英国物理学会出版社（IOPP）、世界青年科学家峰会（WYSS）联合中国物理学会（CPS）和中国科学技术大学（USTC）	线上	量子信息技术	主题涉及量子算法、量子信息理论、量子计算与模拟、量子传感和计量学、量子通信,聚焦了国际前沿量子热题

来源：根据公开资料整理。

四、全球量子信息领域投融资最新概况

量子科技作为新兴的前沿行业，近年来取得了令人瞩目的成就，随着量子科技商业化进程、产业化的加速，投资者加大了对量子产业界的市场关注度，量子科技也正在成为风投蜂拥的领域。近年来，全球量子技术的投资多达 2/3 集中于量子计算领域，其中包括量子计算硬件、软件或全栈公司，而来自量子安全、量子传感和量子通信等领域的公司获得投资的机会相对较少。

对美国量子信息研究投资最大的 20 家机构中，11 家为联邦政府机构，8 家为非营利基金会。截至 2022 年，北美地区拥有量子信息领域近 40% 的公司和超过 60% 的创业资金，12 个最大的硬件公司中，有 10 个位于北美，主要位于美国。在量子技术的 3 个主要领域中，量子计算领域吸引到最大份额的投资，Crunchbase 数据显示，截至 2021 年 6 月，共有 20 家美国企业获得了风投基金共 12.8 亿美元的投资，其中 3/4 以上投入了量子计算领域。麦肯锡研究报告《量子技术监测》指出，专注于量子技术的初创企业获得的融资金额增加了 1 倍以上，从 2020 年的 7 亿美元增加到 2021 年的 14 亿美元。其中，来自风险投资和其他私人投资的份额在 2021 年下半年有所增加，占总投资的 70% 以上。2022 年，在全球范围内量子领域的融资公司多数来自欧美，北欧国家量子公司投融资市场较活跃。全球量子公司的融资轮次大部分处于种子轮和 A 轮阶段，而且量子计算领域公司数量占总量的 76%（表 1-11）。

表 1-11　2022 年全球量子领域重点融资事件

国家	融资方	领域	融资轮次	融资时间	融资金额	投资方
美国	Atom Computing	量子计算	B 轮	1 月 21 日	6000 万美元	领投：Third Point Ventures 跟投：Venrock、Innovation Endeavors、Prelude Ventures、Primer Movers Lab
	Sandbox AQ	量子计算	/①	3 月 21 日	1 亿美元	Eric Schmidt、Breyer Capital、T. Rowe Price、TIME Ventures
	Cornami	量子通信	C 轮	5 月 17 日	6800 万美元	领投：软银集团 跟投：Applied Ventures、Octave Ventures、Impact Venture Capital
	Atlantic Quantum	量子计算	种子轮	7 月 25 日	900 万美元	Glasswing Ventures、The Engine、Future Labs Capital、The E14 Fund、个人投资者
	EeroQ	量子计算	种子轮	8 月 26 日	725 万美元	领投：B Capital 的 Ascent Fund 跟投：V Capital、Calibrate Ventures、Alumni Ventures、Unbound Ventures 和 Red Cedar Ventures

———————
① "/"表示未披露，余同。

续表

国家	融资方	领域	融资轮次	融资时间	融资金额	投资方
美国、英国	Quantinuum	量子计算	/	2 月 22 日	/	IBM
英国	AegiQ	量子计算	种子轮	1 月 20 日	180 万英镑	High-Tech Gründerfonds、Deepbridge Capital、个人投资者
	PQShield	量子通信	A 轮	1 月 26 日	2000 万美元	Addition、Oxford Sciences Innovation、Crane Venture Partners
	Zero Point Motion	量子测量	种子轮	3 月 7 日	258 万英镑	Foresight-Williams Technology、Verve Ventures、u-blox
德国	HQS Quantum	量子计算	A 轮	1 月 25 日	1200 万欧元	领投：Quantonation 跟投：UVC Partners、btov Industrial Technologies、HTGF
	Quantagonia	量子计算	种子轮	2 月 28 日	未披露	FTTF、Voima、个人投资者
	Pixel Photonics	量子通信	种子轮	3 月 28 日	145 万欧元	High-Tech Gründerfonds、Quantonation、个人投资者
	planqc	量子计算	/	6 月 28 日	460 万欧元	UVC Partners、Speedinvest
俄罗斯	QSpace Technologies	量子通信	种子轮	1 月 28 日	90 万美元	俄罗斯天然气银行
法国	Alice & Bob	量子计算	A 轮	3 月 19 日	2700 万欧元	领投：BPI France、Elaia、Supernova Invest 跟投：Breega Capital
	Qubit Pharmaceuticals	量子计算	种子轮	6 月 10 日	1610 万欧元	XAnge、Omnes、Quantonation、私人投资者
芬兰	Algorithmiq	量子计算	种子轮	2 月 2 日	400 万美元	老虎环球基金、Thames Trust、K5 Global、个人投资者
	IQM	量子计算	A 轮	7 月 26 日	1.28 亿欧元	World Fund、Bayern Kapital、EIC Fund、OurCrowd、QCI SPV、腾讯
加拿大	Nord Quantique	量子计算	种子轮	2 月 8 日	950 万加元	Deep Tech Venture Fund、Quantonation VC、Real Ventures
	D-Wave Systems	量子计算	SPAC	2 月 7 日	3.4 亿美元	DPCM、PSP、高盛、NEC、Yorkville Advisors、Aegis Group Partners
	Evolution Q	量子网络安全	A 轮	6 月 14 日	550 万美元	Quantonation、The Group Ventures

续表

国家	融资方	领域	融资轮次	融资时间	融资金额	投资方
瑞士	Terra Quantum	量子通信和量子计算	A 轮	1 月 21 日	6000 万美元	/
	Terra Quantum	量子通信和量子计算	A+ 轮	4 月 1 日	1500 万美元	/
	Synergy Quantum SA	/	Pre-A 轮	4 月 20 日	/	瑞士和国际私人投资者
荷兰	QuiX Quantum	量子计算	种子轮	7 月 7 日	560 万美元	PhotonDelta、FORWARD.one
以色列	Classiq Technologies	量子计算	B 轮	2 月 14 日	3300 万美元	HPE、Phoenix、Spike Ventures、三星 NEXT、个人投资者
	Quantum Source	量子计算	种子轮	7 月 6 日	1500 万美元	Grove Ventures、Pitango First 和 Eclipse Ventures
日本	QunaSys	量子计算	B 轮	3 月 27 日	1000 万美元	领投：JIC Venture Growth Investments 跟投：三菱日联金融集团、日本科学技术振兴机构、富士通、Global Brain Corporation、Shinsei Bank、ANRI、HPC Systems、Zeon Corporation
新加坡	Horizon Quantum Computing	量子计算	A 轮	4 月 14 日	1200 万美元	腾讯
澳大利亚	SQC	量子计算	A 轮	6 月 15 日	9000 万美元	/
美国	ColdQuanta	量子计算	B 轮	11 月 1 日	1.1 亿美元	领投：LCP Quantum 跟投：In-Q-Tel、Sumitomo Corporation of Americas、Breakthrough Victoria、BOKA Group Holdings I LP 等

来源：根据公开资料整理。

第二章
2022 年我国量子信息技术及产业发展状况

一、我国量子信息领域战略及政策

当前，量子科技等前沿技术正逐渐赋能各领域，新技术、新业态、新模式加速迭代。量子信息技术可以在算力提升、信息安全、测量精度等方面突破经典技术的极限，一旦获得广泛应用，将会对社会产生颠覆性重大影响。量子科技是事关国家安全和社会经济高质量发展的战略性领域，为抢占量子科技的制高点，我国已将量子科技提升至国家战略高度。

近年来，我国出台了一系列相关政策，逐步加大支持量子信息领域发展。2006 年，在《国家中长期科学和技术发展规划纲要（2006—2020 年）》中提出要重点研究量子计算和量子通信方面的原理和新方法。2016 年，我国设立了量子调控与量子信息重点专项。2020 年围绕关联电子体系和量子通信两个方面继续部署项目。2019 年 12 月，中共中央、国务院发布的《长江三角洲区域一体化发展规划纲要》中提出加快量子通信产业发展，统筹布局和规划建设量子保密通信干线网，实现与国家广域量子保密通信骨干网络的无缝对接，开展量子通信应用试点。2020 年 10 月，中共中央政治局就量子科技研究和应用前景举行第二十四次集体学习，习近平总书记强调，要充分认识推动量子科技发展的重要性和紧迫性，加强量子科技发展战略谋划和系统布局，把握大趋势，下好先手棋。2021 年《中华人民共和国国民经济和社会发展第十四个五年规划和 2035 年远景目标纲要》（简称"十四五"规划）指出，"要瞄准人工智能、量子信息、集成电路、生命健康、脑科学等前沿领域，实施一批具有前瞻性、战略性的国家重大科技项目。""十四五"规划中量子技术被提及 7 次，并将其描述为与其他战略重点（如人工智能和先进半导体制造）同等重要。

2022 年，我国在量子信息领域科学研究层面继续集中迅猛发展，发布了一系列的政策，为量子信息领域的科学研究和产业化发展指明了道路，但国家层面合作尚未开拓（表 2-1）。我国在量子信息领域发展居世界前列，政府对量子信息领域的资金支持力度高于美国，仍然面临以美国为首发达国家的国际竞争。

表 2-1　2022 年中国量子领域战略政策

时间	政策计划	推动部门	主要内容
1月7日	金融科技发展规划（2022—2025 年）	中国人民银行	探索运用量子技术突破现有算力约束、算法瓶颈，提升金融服务并发处理能力和智能运算效率，节省能源消耗和设备空间，逐步培育一批有价值、可落地的金融应用场景
1月12日	"十四五"数字经济发展规划	国务院	提出转向普惠共享，提及量子等前瞻技术
1月28日	计量发展规划（2021—2035 年）	国务院	提出在 2035 年建成以量子计量为核心、科技水平一流、符合时代发展需求和国际化发展潮流的国家现代先进测量体系
2月9日	金融标准化"十四五"发展规划	中国人民银行会同市场监管总局、银保监会、证监会	强调要探索量子通信等新技术应用标准
6月7日	气象高质量发展纲要（2022—2035 年）	国务院	提出量子计算作为关键核心技术被深度融入气象应用

来源：根据公开资料整理。

二、我国量子信息领域最新技术发展

现在已进入第二次量子技术革命时代，通过主动人工设计和操控量子态发展量子技术和应用。量子信息科技在提高可计算能力、提升度量精度、确保信息安全等方面具有突破传统技术瓶颈的潜力，成为信息、材料和生命等科学领域重大技术创新发展的源泉[①]。以量子计算、量子通信和量子测量为代表的量子信息技术已成为未来国家科技发展的重要领域之一。量子计算颠覆性提高信息运算处理速度，量子通信大幅度提升通信安全性，量子精密测量和传感技术在未来数字时代和万物互联时代有着广泛的应用。此外，得益于量子保密通信的高度安全性，量子通信未来将在国防、财务和金融专网等领域具有重要应用。

这一领域的发展始终得到国家高度重视和大力支持。我国在量子信息领域的研究和应用起步较晚，2006 年至今，我国在实用化量子密码技术、空间对地量子通信技术、基于超冷原子的量子模拟、基于光量子纠缠、提升量子测量精密度、基于超导和光量子比特的量子计算等方向取得了重大进展。近年来，我国在量子科技领域形成了具有相当体量和规模的研究队伍，突破了一系列重要科学问题和关键核心技术，取得了一系列重大突破。接下来需要更加深入地推动量子信息基础研究和应用推广，探索量子信息科技发展道路，在国际上构筑发展新优势。

在量子计算方面，研制出世界首台光量子计算原型机"九章"，这一突破使我国成为全球第二个实现"量子优越性"的国家。成功构建了国际上超导量子比特数目最多、包含 62 比

---

① 郭国平."量子科技"专题序言[J]. 世界科技研究与发展，2022，44（1）：2。

特的可编程超导量子计算原型机"祖冲之号"，并在该系统上成功进行了二维可编程量子行走的演示。我国也是世界上唯一一个在两条技术路线上达到"量子计算优越性"里程碑的国家。我国已完成了光量子、超导、超冷原子、离子阱、硅基半导体、金刚石色心、拓扑等所有重要量子硬件计算体系的研究布局，使得我国成为包括欧盟、美国在内的 3 个具有完整布局的国家（地区）之一。

在量子通信方面，我国光纤量子保密通信技术的工程化成绩领跑全球。相继完成了合肥城域量子通信试验示范网、济南量子通信试验网等量子通信网络，成功实施"墨子号"量子卫星和国家量子保密通信"京沪干线"等工程化项目，集成了 700 多条地面光纤链路和两个星地链路，实现了地面跨度 4600 公里的星地一体的大范围、多用户量子密钥分发，构建了世界上首个星地一体量子网络雏形。

在量子测量方面，国内自主设计与研制了低噪声磁屏蔽系统并突破高精度检测与高效极化技术，提升了极弱磁测量装置的最优灵敏度指标，超过此前国际公开报道美国普林斯顿大学物理系实现的最高指标，创造了新的世界纪录。2022 年中国量子信息技术领域重要科研进展如表 2–2 所示。

表 2–2　2022 年中国量子信息技术领域重要科研进展

时间	研究主体	研究方向	重要进展
1 月 29 日	上海交通大学金贤敏团队	量子计算	实现了单片集成 128 个全同量子光源的阵列芯片，这是截至 2022 年有报道技术中能实现的最大规模的全同可扩展量子光源阵列
2 月 9 日	中国科大潘建伟、姚星灿、陈宇翱团队	量子计算	基于超冷锂–镝原子量子模拟平台，首次测得第二声的衰减率（声扩散系数），并以此准确测定了体系的热导率与黏滞系数。此项工作成为利用量子模拟解决重要物理问题的一个范例
2 月 15 日	北京量子院、清华大学、西班牙塞维利亚大学、南方科技大学等	量子计算	首次在实验上实现了量子互文性的无漏洞检验
2 月 16 日	中国科学技术大学郭光灿院士团队、浙江大学光电科学与工程学院 / 现代光学仪器国家重点实验室戴道锌团队	量子计算	国际首次实现了片上波导模式编码的 2 比特量子逻辑门操作
6 月 8 日	中国科学院物理研究所北京凝聚态物理国家研究中心的高鸿钧研究团队	量子计算	创造了一种大面积、高度有序和可调控的马约拉纳零能模格点阵列，首次实现了大面积、高度有序和可调控的马约拉纳零能模格点阵列
7 月 13 日	中国科学技术大学潘建伟、朱晓波、彭承志、陆朝阳等	量子计算	在祖冲之 2.1 超导量子处理器上实验实现了一种由 17 量子比特组成的距离为 3 的纠错表面码，首次实现表面码的重复纠错。这也是祖冲之号量子计算机首次实现纠错

续表

时间	研究主体	研究方向	重要进展
1月20日	中国科学技术大学中国科学院量子信息重点实验室的韩正甫教授	量子通信	实现了833公里光纤信道量子密钥分发，将安全传输距离的世界纪录提升了200余公里，创造了世界纪录
4月13日	北京量子信息科学研究院科研副院长、清华大学理学院物理系教授龙桂鲁团队与清华大学电子工程系教授陆建华团队	量子通信	设计了一种相位量子态与时间戳量子态混合编码的量子直接通信新系统，成功实现100公里的量子直接通信，这是迄今为止世界上最长的量子直接通信距离
5月5日	中国科学技术大学教授潘建伟及其同事彭承志、陈宇翱、印娟等	量子通信	利用"墨子号"量子科学实验卫星首次实现了地球上相距1200公里两个地面站之间的量子态远程传输，该实验刷新世界纪录
10月20日	国盾量子、中国信息安全测评中心	量子通信	中国主导的ISO/IEC 23837-1《量子密钥分发的安全要求、测试和评估方法 第1部分：要求》、ISO/IEC 23837-2《量子密钥分发的安全要求、测试和评估方法 第2部分：测试和评估方法》国际标准提案进入国际标准发布阶段。这是首个系统性地规范量子密钥分发（QKD）安全检测技术的国际标准，填补了国际空白
10月8日	中国科学技术大学潘建伟团队	量子测量	首次在国际上实现百公里级的自由空间高精度时间频率传递实验，时间传递稳定度达到飞秒量级，频率传递万秒稳定度优于4×10^{-19}，此研究代表量子精密测量重大突破
12月2日	中国科学技术大学潘建伟团队	量子计算	利用相干合成方法在国际上首次制备了高相空间密度的超冷三原子分子系综，向基于超冷分子的超冷量子化学和量子模拟研究迈出了重要一步

来源：根据公开资料整理。

专栏 2-1

国内规模最大、应用最全的量子城域网在合肥正式开通

2022年8月26日上午，合肥量子城域网开通暨合肥市人民政府、中国电信安徽公司深化战略合作协议签约仪式在合肥举行。

截至2022年合肥量子城域网项目是国内规模最大、用户最多、应用最全的量子保密通信城域网，含8个核心节点和159个接入节点，量子密钥分发网络光纤全长1147公里，可为市、区两级党政机关提供量子安全接入服务和数据传输加密服务，全面提升电子政务安全防护水平。

合肥量子城域网采用具有自主知识产权、业界领先的前沿技术。利用经典－量子波分复用技术，将量子信道、协商信道和业务信道进行融合，节省项目光纤投资；构建核心环

网＋星型接入网的双层网络架构，为政务系统提供全量应用系统无感的高安全数据传输服务等（图 1）。

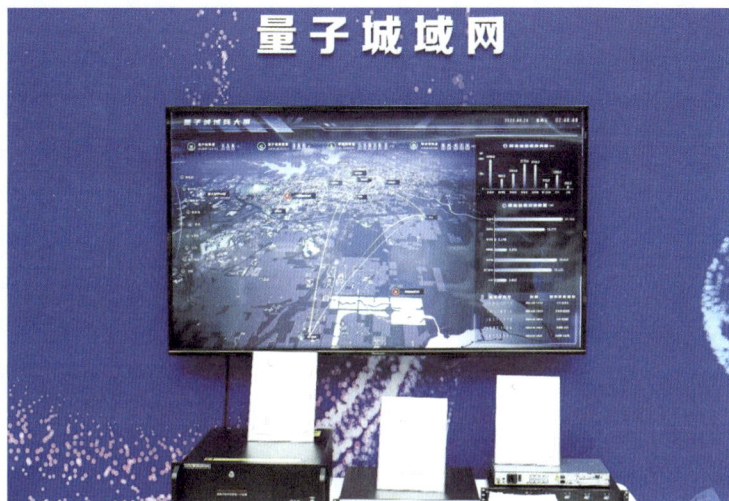

图 1 合肥量子城域网

来源：安徽网。

三、我国量子信息领域布局情况

（一）创新主体布局

1.高校及科研院所布局

（1）量子计算领域

超导量子计算，国内参与超导量子计算研究的机构以高等院校和中国科学院研究所为主，包括中国科学技术大学、浙江大学、清华大学、南方科技大学、北京量子信息科学研究院、中国科学院物理所等。其中，中国科学技术大学朱晓波团队、浙江大学王浩华团队等已达到世界一流水平。离子阱量子计算，国内的研究团队主要包括清华大学、中国科学技术大学、国防科技大学。其中，清华大学在长相干时间的量子存储、高维离子阵列单独寻址等方面位列世界先进行列。半导体量子计算，我国半导体量子计算的研究团队主要来自中国科学技术大学、中国科学院物理所、中国科学院微电子所等。光量子计算，国内研究团队包括中国科学技术大学、北京大学、上海交通大学、上海微系统所、华中科技大学、中山大学等。冷原子量子计算，我国具有潜力的研究团队为山西大学张天才和王军民团队、华中科技大学李霖团队、华南师范大学颜辉团队等。拓扑量子计算，在超导／半导体纳米线体系研究中，我国优势机构包括清华大学、北京大学、中国科学院物理所和半导体所、北京量子院、国防科技大学等，具备潜力的机构还包括南方科技大学等新兴大学。在超导／磁性原子晶格体系研究中，我国研究机构主要包括华中科技大学、上海交通大学、中国科技大学等，我国在该领域起步较晚，尚未做出重要的进展工作。在超导马约拉纳涡旋态系统、超导／量子反常霍尔效应体系、超导／拓扑绝缘体异质结构、超导／量子自旋霍尔效应体系、分数量子霍尔效应体系、拓扑量子计算理论研究等方向，我国表现突出，优势机构包括上海交通大学、中国科学院物理所、中国科学技术大学、复旦大学、南京大学、中国科学院大学、华中科技大学、北京大学等。其中，上海交通大学贾金锋团队，中国科学院物理所胡江平团队、丁洪团队、高鸿钧团队，北京大学谢心澄团队等居世界先进行列。核磁共振量子计算，主要研究机构包括中国科学技术大学等，具有潜力的机构还包括清华大学、南方科技大学等。在核磁共振体系的量子算法方面，近年来，中国科学技术大学杜江峰团队已达到世界一流水平。在核磁共振体系的量子控制方面，中国科学技术大学杜江峰团队已达世界先进水平。在核磁共振体系的量子模拟方面，中国科学技术大学杜江峰团队在液态核磁共振体系的量子模拟上处于国际先进水平。

（2）量子通信领域

我国科研机构在量子保密通信的研究上领先于美国。我国主要的量子通信研究机构有中国科学技术大学、济南量子技术研究院、上海交通大学、山西大学、国防科技大学、国盾量子、问天量子、国科量子、循态量子等。在新兴的超导纳米线单光子探测器（SNSPD）研发中，我国在 SNSPD 核心器件研发方面的主要单位有上海微系统所和南京大学等。当前我国在 SNSPD 领域关键技术指标方面已达到国际领先水平。在近红外波段的半导体单光子探测器元器件研发中，中国科学技术大学和中国电科集团公司第四十四研究所是国内最具有优势的研究机构。在硅单光子探测器方面，中国科技大学在淬灭电子学系统设计方面具有显著优势。在硅单光子探测器元器件制备方面，国内北京邮电大学等单位在开展相关研发。

（3）量子测量领域

在光钟研究上，国内的主要研究机构包括中国科学院精密测量院、中国计量科学研究院、中国科学院国家授时中心、中国航天二院 203 所、华东师范大学、北京大学等。在高精度时间频率传递上，国内的主要研究机构包括中国科学院国家授时中心、中国科学技术大学、清华大学、华东师范大学等。在量子导航研究上，国内主要研究机构包括北京航空航天大学、航天九院十三所、航天三十三所、航天十三所、国防科技大学、航空六一八所、兵器导控所、中国科学院武汉物数所、清华大学、中船重工七一七所等。在量子磁测量研究上，国内主要研究机构包括中国科学技术大学、中国科学院上海微系统所、北京航空航天大学、中国航天科工集团第三研究院第三十三研究所等。原子干涉精密测量的国内主要研究创新主体有中国科学院精密测量科学与技术创新研究院、华中科技大学、中国科学技术大学、清华大学、浙江大学、浙江工业大学、中国计量科学研究院，以及与中船重工 717 研究所、707 研究所等。

量子信息作为新兴学科，在高校中仍属于物理学、网络安全、密码学或是计算机等专业的课程内容之一，还未单独成立专业学科。由表 2-3 和图 2-1 可知，2022 年全球量子领域新建重点实验室中量子中学实验室建设新趋势开始兴起，表明我国针对量子信息科技的发展开始重视量子信息人才培养。量子信息技术属于基础学科的前沿技术，研究的准入门槛较高、进展难度大，全球都面临人才短缺问题。科技大国都很重视量子技术人才的培养和竞争，随着量子技术和产业的发展，中国量子科技人才将更加紧缺，人才需求也会更为多元化。我国应建立有利于量子科技发展的高端人才培养与引进制度，激发高端人才创新活力，为量子科技发展提供强大的人力支撑。

表2-3　2022年全球量子领域新建重点实验室

实验室	成立时间	牵头机构/人	研究方向
清华大学（计算机系）量子软件研究中心	1月15日	清华大学计算机系（应明生教授、季铮锋教授担任共同主任）	量子软件、量子算法、量子网络、量子人工智能、量子设计自动化和量子体系结构等方向
安徽省量子计算工程研究中心	2月18日	本源量子、中国科学院量子信息重点实验室	以量子计算为研发方向，致力于推进中国量子计算机的工程化和产业化
重庆五云（量子器件与材料）实验室	6月12日	重庆市政府	开发应用于量子计算、量子通信和量子精密测量等领域的核心芯片、器件和设备，研究单光子探测器研究、高性能量子光源、量子计算芯片和光电量子集成器件和设备
薛其坤院士量子创新实验室	6月16日	南方科技大学和深圳中学	培养学生"热爱科学，崇尚创新"的精神，"加固学生对科学的兴趣"
天津英华实验学校量子科技创新实验室	6月27日	英华实验学校协同中国科学技术大学	以建立和开设量子科技相关课程为核心，以量子前沿科技实验仪器为主要载体，面向中学生传授量子力学基础知识、体验、感知、探究量子技术在通信、计算和精密测量等3个主要领域的应用为目标
深圳量子研究院集成电路与电子学中心	11月5日	深圳量子研究院	聚焦量子计算等领域面临的核心工程技术问题开展攻关，包括集成电路设计、测控系统开发和射频/微波器件研发等

　　2022年，我国高校及科研单位在量子产品研发方面取得了一系列的进展。2月15日，中国科学院量子信息与量子科技创新研究院（上海）量子计算云平台（以下简称"中科创新院云平台"）上新"青果"（Quingo）量子编程语言。该语言实现了首个全面的量子－经典异构编程框架，创新提出了高级量子编程语言层面的量子操作时序控制、量子运行时系统等一系列先进技术。2月18日，中国科学院软件所团队发布全新量子计算编程软件——isQ-Core，并成功部署至世界领先的超导量子硬件平台，标志着国产量子计算软硬件结合迈出重要一步。该平台是截至2022年国内硬件规模最大的量子计算云平台，由"祖冲之号"研究团队提供硬件支持，并将引入"祖冲之二号"的计算能力。6月7日，北京微芯区块链与边缘计算研究院实现自主创新的区块链技术体系长安链中成功嵌入高性能抗量子密码模块，使其能够对抗已知的传统密码攻击和量子攻击。

图 2-1　2022 年中国量子领域新建重点实验室

2.企业布局

量子计算已是国内外科技企业的重要研究方向，国内量子计算的主要企业类型可分为两类：第一类是科技巨头，如我国科技公司阿里巴巴、百度、腾讯、华为等，这些公司相比国外巨头布局较晚，近年来通过与科研机构或高校合作或聘请知名科学家等方式成立相关实验室，在量子计算平台、算法、软件和应用等方面展开布局；第二类是量子计算初创公司，大多脱胎于科研机构或科技公司，近年来，来自政府、产业巨头和投资机构的创业资本大幅增加，初创企业快速发展，我国代表公司有本源量子、国盾量子、量旋科技、启科量子、玻色量子、图灵量子、昆峰量子、弧光量子等。

量子通信相关企业是推动量子通信技术更新及产业化的主力军。量子通信企业主导量子网络建设，为政务、金融、电力等行业提供量子安全组网及应用解决方案，加快市场拓展和商业化应用，推动量子通信的产业化。量子通信行业具有较高的技术及人才壁垒，行业竞争者数量较少。中国量子通信产业链已日趋完善。产业链的上游主要是元器件供应商和核心设备制造商，且已基本实现自主可控。2022 年，国内主要供应商有科大国盾、问天量子、中创为量子、启科量子、赋同量子等。产业链的中游主要是量子通信网络的传输层和平台层，国内主要涉及单位有国科量子、科大国盾、中国移动、中国电信、中国联通等。量子通信产业链下游主要是各种行业应用，国内主要涉及单位有科大国盾、国科量子、中国电信、易科腾、神州信息等。

量子测量产业形成的时间较早，已经形成了原子钟、核磁共振等为代表的第一次量子科技革命的产物，产业链较为清晰。量子测量技术方向众多，应用领域覆盖面广，当前，芯片级原子钟、光钟、光泵磁力计等部分成熟的技术已经开始从工程样机向商用产品过渡。近年来，出现了一批由高校和科研院所转化、专注量子测量技术产品研发和应用推广的初创公司，如中国苏州迪卡默克等、重力仪领域的中国中科酷原等、量子科研和工业仪器领域的中国国仪量子等。

2022 年我国量子企业也在量子计算和量子通信领域自主研发了多个产品。3 月 28 日，中国电子信息产业集团有限公司"PKS"信创体系与量子软件体系整合完成量子计算对接测试，国产"PKS"自研体系实现算力代际跨越。3 月 29 日，启科量子在离子阱量子计算机工程化研发上取得重大技术进展，发布了国内首套具有自主知识产权的 ARTIQ 架构量子测控系统（QuSoil），大大加快启科量子分布式离子阱量子计算机的工程化及商业化进程。4 月 30 日，合肥本源量子计算科技有限责任公司正式发布首个国产量子芯片设计工业软件（"Q-EDA"）——本源坤元（Origin Unit），全球用户可通过本源量子云平台直接在线访问和使用，未来可通过授权下载到本地部署，该软件同时支持超导和半导体量子芯片版图自动化设计。5 月 16 日，中国电信发布业内首款基于量子信息技术的 VoLTE 加密通话产品——天翼量子高清密话，这是业内首款基于量子信息技术的 VoLTE 加密通话产品。6 月，京东探索研究院发布了一款基于 Python 可微分编程的量子机器学习软件平台 TeD-Q（Tensor-network enhanced Distributed Quantum），该平台同时支持求解量子变分算法及量子计算模拟。7 月 5 日，国芯科技 CCP903T 高性能密码芯片和合肥硅臻 QRNG25SPI 量子随机数发生器模组设计的一款高速量子密码卡在公司内部测试中获得成功。7 月 11 日，中国电信天翼量子高清密话开通线上预约体验。此外，4 月 7 日，杭州亚运会特级保电场馆的奥体博览城主体育场配电网运行数据通过量子加密后成功上送至亚运保电系统，为杭州数智亚运保电新添超级"密码锁"，这也是国内大型国际体育赛事保电首次应用量子技术。

（二）区域及城市布局

中国"十四五"规划明确指出，将瞄准人工智能、量子信息、集成电路、生命健康、脑科学、生物育种、空天科技、深地深海等前沿领域，实施一批具有前瞻性、战略性的国家重大科技项目，以此来强化国家战略科技力量。各省（自治区、直辖市）也积极响应部署量子信息领域建设。全国有 21 个省（自治区、直辖市）的"十四五"规划中将量子科技纳入发展战略，众多市级政府将量子信息技术发展列入相关政策和发展规划。2022 年中国各地在量子领域的政策部署如图 2-2 所示。

① 2022 年 1 月 24 日，河南省人民政府印发《河南省"十四五"战略性新兴产业和未来产业发展规划》其中提出重点依托信息工程大学，推进量子通信、量子计算重大研究测试平台建设，积极参与国际、国内量子信息领域标准制定，集中突破量子芯片、量子编程、量子精密

测量、量子计算机及相关材料和装置制备关键技术，建立以量子计算和量子传输为基础的量子网络与信息安全体系。筹建河南省量子信息技术创新中心，争创国家量子信息技术创新中心。3 月，河南国科量子通信网络有限公司、郑州信大捷安签约了"量子行业应用 ICT 解决方案"项目，成为国内"量子技术交易"第一单。

② 2022 年 2 月 10 日，粤港澳量子通信骨干网一期工程（广佛肇量子安全通信示范网）线路开通仪式举行。该示范网是规划建设的粤港澳量子通信骨干网一期工程，其总体目标是建成连接广州、佛山、肇庆等地的量子保密通信骨干线路，将应用于金融、政务等行业和部门，提高应用单位信息安全保障水平。该示范网是广东省重点领域研发计划"广佛肇量子安全通信时频网络建设及关键技术研究"项目的成果。

③ 2022 年 3 月 16 日，中国台湾建立量子研究团队，由 17 个不同的研究小组共同参与，共包含 72 名学者与 24 家企业，由"科技会报办公室"带头，"中研院"实际推动，计划 5 年内向量子产业投入 2.8 亿美元。

④ 2022 年 3 月 30 日，广东省科学技术厅牵头起草了《广东省基础与应用基础研究十年"卓粤"计划（公开征求意见稿）》，并已完成公开征求意见。基础研究平台体系逐步完善，形成以实验室体系、大科学装置为核心，以高水平创新研究院等为支撑的基础研究平台体系，在量子科学等战略领域建成 2 个国家基础科学中心。

⑤ 2022 年 5 月 24 日，安徽省人民政府办公厅印发《安徽省实施计量发展规划（2021—2035 年）工作方案》，提出安徽省实施计量发展规划的主要目标，共提及"量子"关键词 19次。未来，安徽省将提升计量科技创新水平，发展以量子测量为核心的计量技术，攻克超导、高温、低温、大电流等一批关键计量测试技术，以建成现代先进测量体系。

⑥ 2022 年 11 月 3 日，四川省印发《四川省"十四五"高新技术产业发展规划（2021—2025 年）》，提出前瞻布局量子信息与量子计算机领域前沿科学研究与技术研发，重点研发多协议量子保密安全组网、程控光量子计算体系、空地量子纠缠互联组网、冷原子量子模拟与精密测量系统、极化激光和精密光场调控系统、量子计算与量子测磁、量子信息测控光电芯片与系统、量子时钟和高安全时间同步系统、量子中继与量子存储、中红外单光子探测、多体量子系统与量子算法等量子科技领域的新技术，打造量子科技研发平台和产业化基地。该规划指出前瞻布局量子领域前沿科学研究与技术研发，打造量子科技研发平台与产业化基地，助力推进四川省新技术产业发展壮大。

2022年1月24日，河南省人民政府印发《河南省"十四五"战略性新兴产业和未来产业发展规划》，提出筹建河南省量子信息技术创新中心，争创国家量子信息技术创新中心

2022年5月24日，安徽省人民政府办公厅印发《安徽省实施计量发展规划（2021—2035年）工作方案》

2022年3月16日，中国台湾建立量子研究团队，由"科技会报办公室"带头，"中研院"实际推动，计划5年内向量子产业投入2.8亿美元

2022年11月3日，四川省印发《四川省"十四五"高新技术产业发展规划（2021—2025年）》

● 2022年2月10日，粤港澳量子通信骨干网一期工程线路开通仪式举行。
● 2022年3月30日，广东省科学技术厅于本月牵头起草了《广东省基础与应用基础研究十年"卓粤"计划（公开征求意见稿）》

图 2-2　2022 年中国各地在量子领域的政策部署

四、我国量子信息领域投融资情况及特点

　　表 2-4 和表 2-5 汇总了近两年来中国量子领域的重点融资事件。截至 2022 年，中国量子公司的融资轮次集中在 A 轮和天使轮，融资金额在数千万元至数亿元不等。国内外量子计算公司融资的特点是不仅融资金额大、投资一线机构多，而且还表现在融资轮次密。截至 2022 年，国内有 8 家量子计算企业完成融资，融资额在亿元以上的公司有量旋科技、图灵量子、华翊量子、未磁科技、本源量子等。2022 年 7 月，本源量子正式完成 10 亿元 B 轮融资，将用于攻关防"卡脖子"的国产自主可控的工程化量子计算机、全栈式软硬件系统、量子计算应用的落地推广及进行相关上下游产业生态建设等方面。

表 2-4　2022 年中国量子领域重点融资事件

融资方	领域	融资轮次	融资时间	融资金额	投资方
图灵量子	量子通信	Pre-A+ 轮	2 月 26 日	超亿元	元禾原点、无锡滨湖国投、君联资本、琥珀资本、Ambrum Capital、源悦投资、势能资本
玻色量子	量子计算	Pre-A 轮	4 月 13 日	数千万元	海贝资本
华翊量子	量子计算	天使轮	4 月 22 日	过亿元	高榕资本、奥锐特药业、红杉资本中国、奇绩创坛、图灵创投
成都中微达信	量子计算	天使轮	5 月 19 日	数千万元	红杉资本中国、经纬创投
本源量子	量子计算	B 轮	7 月 22 日	10 亿元	领投：深创投下设红土基金 跟投：中信证券、中金公司、各地方政府注资基金、中银投、建银国际
未磁量子	量子精密测量	A 轮	6 月 9 日	超亿元	领投：IDG 资本 创投：朗玛峰 跟投：民银国际、中关村科学
量旋科技	量子计算	Pre-B 轮	9 月 22 日	近亿元	领投：深圳湾天使三期基金 跟投：和顺盈投资及高新投

来源：根据公开资料整理。

表 2-5　2021 年中国量子领域重点融资事件

融资方	领域	融资轮次	融资时间	融资金额	投资方
量旋科技	量子计算	A+ 轮股权投资	1 月 12 日	2000 万元	/
本源量子	量子计算	A 轮	1 月 14 日	数亿元	中国互联网投资基金领投，国新基金、中金祺智、成都产投、建银国际、中科育成、中天汇富等知名机构，以及天使轮老股东磐古图灵跟投。此前曾获中科创星、合肥高投等天使轮投资
国仪量子	量子测量、量子计算	B 轮	1 月 15 日	数亿元	领投：高瓴创投 跟投：同创伟业、基石资本、招商证券
启科量子	量子通信、量子计算	天使轮	1 月 19 日	5000 万元	中关村发展前沿基金、中关村金种子基金等
图灵量子	量子计算	天使轮	5 月 7 日	近亿元	领投：联想之星 跟投：中科神光、前海基金、源来资本、小苗朗程
玻色量子	量子计算	天使轮	6 月 24 日	数千万元	领投：点亮伯恩资本

续表

融资方	领域	融资轮次	融资时间	融资金额	投资方
玻色量子	量子计算	天使＋轮	7 月 21 日	/	领投：元和资本 跟投：多家机构
北京中科弧光量子	量子计算	天使轮	10 月 22 日	数千万元	/
深圳扑浪量子半导体有限公司	半导体量子点发光材料及量子点	Pre-A 轮	10 月 28 日	数千万元	领投：东方嘉富 联合投资：苏州毅和、北汽产投、中开院国美天使基金
图灵量子	量子计算	Pre-A 轮	11 月 10 日	数亿元	领投：君联资本 跟投：中芯聚源、琥珀资本、交大菡源基金等

来源：根据公开资料整理。

第三章
2022 年量子计算技术进展与应用分析

一、量子计算技术最新发展情况

    量子计算是一种遵循量子力学规律调控量子信息单元进行计算的新型计算模式。量子计算概念诞生于 20 世纪 80 年代初期，物理学家费曼提出了使用不同于传统计算机的架构与模式来设计量子计算机的设想，并使用量子算法对量子位进行操作；20 世纪 90 年代，第一个量子算法被提出；随后更具使用价值的量子算法接连问世。这些量子算法的不断成熟显示出量子计算机具有超越传统计算机的强大功能，极大推动了量子计算的研发进程。

    量子力学叠加态原理使得量子信息单元的状态处于多种可能性的叠加状态，从而导致量子信息处理从效率上相比经典信息处理具有更大潜力。普通计算机中的 2 位寄存器在某一时间仅能存储 4 个二进制数（00、01、10、11）中的一个，而量子计算机中的 2 位量子位（qubit）寄存器可同时存储这 4 种状态的叠加状态。随着量子比特数目的增加，对于 n 个量子比特而言，量子信息可以是 2^n 种可能状态的叠加，配合量子力学演化的并行性，可以展现出比传统计算机更快的处理速度（图 3-1）。

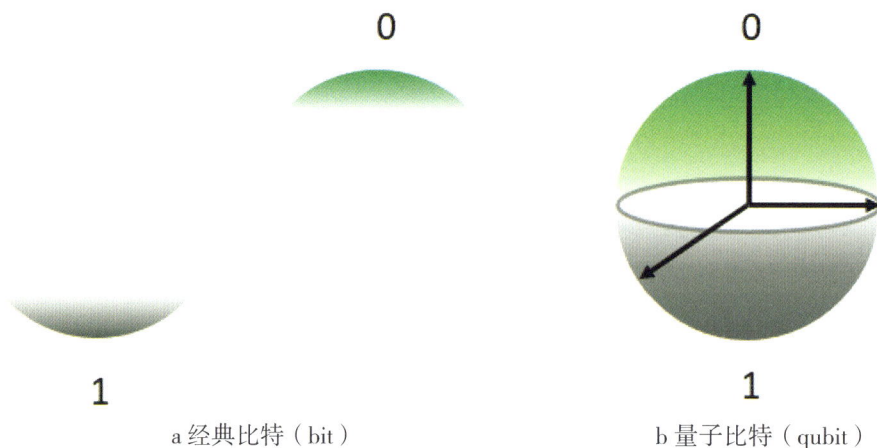

a 经典比特（bit）　　　　　　　　b 量子比特（qubit）

图 3-1　经典计算机与量子计算机运算的区别

　　量子计算包含处理器、编码、软件和算法等关键技术，近年来其发展加速，但仍面临量子比特数量少、相干时间短、出错率高等诸多挑战，目前处于技术研究和原理样机研制验证的关键阶段。其中，量子处理器是制备和操控量子物理比特的物理实现；量子编码是未来通用量子计算机的实现基础；量子算法和量子软件是量子处理器硬件充分发挥计算能力和解决实际问题的神经中枢。其中，量子处理器、量子算法和量子云平台成为近期研究的热点。

　　量子计算技术包含量子处理器 [①]、量子编码、量子算法、量子软件、外围保障和上层应用等多个环节（图 3-2）。

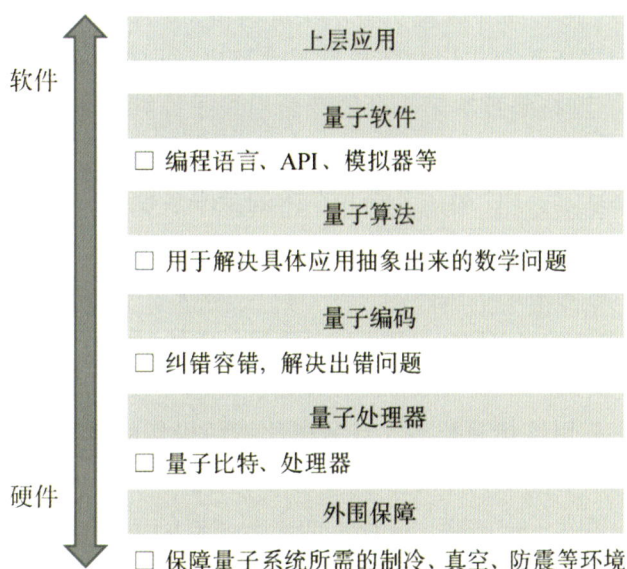

图 3-2　量子计算关键技术

（一）量子处理器：研究方向种类繁多，各方向研究稳步推进

　　量子处理器的物理比特实现是量子计算的核心博弈，全球主要研究机构和公司纷纷选择了不同的技术路线来进行研究，主流技术路线包含超导、半导体量子点、离子阱、光学和量子拓扑等。在科研界，普遍较多采用光学、离子阱等技术来做量子计算研究，而在工程化企业，主流企业是在超导和半导体方向上进行研究突破。近年来，超导和离子阱技术路线处于领先地位，全球公司和研究机构对其关注度最高，另外，近年来半导体量子点和光量子技术路线明显提速。在量子计算领域，我国处于世界先进水平，部分方向与美国处于同一方阵，但大多数方向与美国顶尖的研究组还有一定的差距。

1. 超导量子计算

　　其原理是利用无电阻电流沿回路来回震荡，注入的微波信号使电流兴奋，从而让它进入叠

---

　　① 张海懿，崔潇，吴冰冰．量子计算技术产业发展现状与应用分析 [J]．电信网技术，2020（7）：20-26。

加态。超导量子计算是进展最快最好的一种固体量子计算实现方法。由于超导量子电路的能级结构可通过外加电磁信号来调控，因此电路设计定制的可控性强。同时，得益于基于现有的成熟集成电路工艺，超导量子电路具有多数量子物理体系难以比拟的可扩展性。

研究进展：2022 年 3 月，清华大学交叉信息研究院段路明研究组在微波量子信息处理领域取得重要进展，首次在实验中借助超导量子电路成功制备了相干态飞行微波光子的多体"薛定谔猫"态，并验证了不同"猫"态之间，以及多体"猫"态和超导量子比特之间的量子纠缠。7 月，中国科学技术大学潘建伟、朱晓波、彭承志、陆朝阳等在"祖冲之 2.1"超导量子处理器上实验实现了一种由 17 量子比特组成的距离为 3 的纠错表面码，首次实现表面码的重复纠错。这也是"祖冲之号"量子计算机首次实现纠错。8 月，日本富士通和 Riken 研究所正在联手打造日本第一台国产和商业化的超导量子计算机，预计将配备 64 量子比特，该计算机将于 2023 年春季上市，这将是日本第一台国产商用量子计算机。同月，百度发布超导量子计算机"乾始"和全球首个全平台量子软硬一体解决方案"量羲"，集量子硬件、量子软件、量子应用于一体，提供移动端、PC 端、云端等在内的全平台使用方式。为量子计算产业落地提供可行性路径，推动中国量子计算产业化向前发展。9 月，纽约 IBM 研究中心开发出一种新的超导量子比特——"弱可调谐量子比特"（WTQ），解决了"频率碰撞"问题，WTQ 有可能在下一代超导量子处理器中取代 Transmon 量子比特。9 月 15 日，东芝公司的研究人员在量子计算机架构方面取得了突破——双 Transmon 耦合器的基本设计，将提高可调谐耦合器中量子计算的速度和准确性，采用这项新技术，双量子比特门操作的准确率高达 99.99%、处理时间仅为 24 ns。10 月，吴培亨院士领导的南京大学超导电子学研究所张蜡宝教授课题组研制出压缩感知读出的阵列超导单光子探测器，实现了面阵探测器的单通道高保真读出，将在推动阵列超导单光子探测器及其实际应用中发挥重要作用。11 月，芬兰阿尔托大学、IQM 量子计算机公司和 VTT 技术研究中心的科学团队发现了一种新的超导量子比特—Unimon；并且，团队已经实现了第一个具有 99.9% 保真度的 Unimon 量子逻辑门，这是建立商业有用的量子计算机的重要里程碑。同月，由中国科学院物理研究所固态量子信息与计算实验室主任范桁领衔的研究团队开发了一款一维拥有 43 量子比特的超导量子处理器，名为"庄子"，研究重点在用处理器模拟 Aubry–Andre′–Harper（AAH）模型，以观察所谓的拓扑零模式。

超导量子计算方面，中美技术指标各有侧重，美国和中国为全球仅有的两个实现量子优越性的国家，中国处于世界第一方阵。在超导量子计算机的集成及性能上，中国与美国差距不大，甚至在整体性能等方面还有些许领先，但在包括量子纠错编码算法等基础性原理方面，中国的原创性贡献较少，更多是以跟随为主。

2. 离子阱量子计算

其原理是利用电荷与电磁场间的交互作用力牵制带电粒子体运动，并利用受限离子的基态和激发态组成的两个能级作为量子比特。具有量子比特同一性优异、相干时间超长、制备和读出效率高、量子逻辑门保真度高四大优点。

研究进展：2022 年 2 月，由清华大学物理系金奇奂教授领导的离子阱量子计算课题组、北京量子信息科学研究院的王鹏飞、南方科技大学张君华联合西班牙塞维利亚大学等研究人员，在

基于混合离子阱系统下首次演示了量子互文性无漏洞测试，开拓了证明量子系统真伪的路径。9 月，清华大学交叉信息院段路明研究组在离子阱量子模拟领域取得重要进展，在实验中借助离子量子比特首次实现了大规模杰恩斯－卡明斯－哈伯德（Jaynes–Cummings–Hubbard）模型的量子模拟，用于研究非马尔可夫量子多体动力学过程。通过将 32 个离子和 32 个简谐振动模式制备在 32 个自旋－玻色子总激发的初态，该量子模拟问题的有效空间维度达到了 2^{77}，远远超越了现有经典超级计算机的直接模拟能力。11 月，启科量子正式发布工程化离子阱低温真空系统 <Aba|Qu|Cryovac>，这是启科量子 2022 年第三次发布其在离子阱量子计算工程化方面的重要进展。本系统是为分布式离子阱量子计算机量身打造的一体化工作环境系统，它整合了超高真空、超低温及光学平台，具有体积更紧凑、结构更简单、操作更便捷等优势，最大特点是将低温、真空、电气、光学四大核心要素进行了有机整合。

离子阱量子计算方面，我国在部分技术指标上达到了世界顶尖水平，但由于起步较晚，实验研究人员在实现高保真度逻辑门、消除实验噪声等方面稍落后于美国等顶尖研究组。

3. 半导体量子计算

其原理是利用电子的泡利不相容原理，通过自旋和电荷之间的关联，可以通过普通的电子开关（门）对电子自旋进行控制，完成包括单量子比特操作、两量子比特操作及结果的读出等在内的对电子自旋编码的量子比特的各种操作。半导体量子点体系具有良好的可扩展性，量子点的原子性质可以通过纳米加工技术和晶体生长技术人为调控，比一般的量子体系更容易集成。

研究进展：2022 年 2 月，美国能源部阿贡国家实验室和芝加哥大学的一组研究人员实现了按需读出量子比特，然后完整保持量子态 5 s 以上——这是这类设备的新纪录。并且读出信号增强 10 000 倍，碳化硅量子比特取得突破[1]。同月，昭和电工展示了量子计算技术加速探索半导体材料最佳配方的能力，将探索时间从传统方法的几十年缩短到几十秒，实现加速 7.2 万倍。9 月，于利希研究中心和亚琛工业大学的研究人员在半导体量子计算机取得重大突破——缩小为桌面设备，成功地将电子（量子信息的载体）在一个半导体量子芯片上传输了几微米，它们的"量子总线"（quantum bus）可能是扩展到数百万量子比特的关键部件[2]。同月，清华大学与吉林大学的研究人员合作开发了一种使用半导体量子点（QD）的新型 3D 纳米打印技术，其研究成果发表在 *Science* 上[3]。同月，澳大利亚硅量子计算公司（Silicon Quantum Computing，SQC）开发了一项用于半导体自旋量子比特的读出技术，可以使自旋量子比特的关键读出阶段更快、更容易并且不容易受干扰，该技术可以在低场 / 高温环境中实现高读出保真度，并且对电噪声具有鲁棒性，具有优于 ESM 和 TSM 的许多实用优势[4]。11 月，浙江大学

[1]　https：//www.science.org/doi/10.1126/sciadv.abm5912。

[2]　https：//www.fz-juelich.de/en/news/archive/press-release/2022/key-element-for-a-scalable-quantum-computer？utm_source=miragenews&utm_medium=miragenews&utm_campaign=news。

[3]　https：//phys.org/news/2022-09-3d-nanoprinting-semiconductor-quantum-dots.html。

[4]　https：//www.science.org/doi/10.1126/sciadv.abq0455。

研究了低损耗的芯片级可编程硅光子处理器，提出了一个完全集成的可编程硅光子处理器，它集成了1个基于 Mach-Zehnder 耦合器（MZC）的1×4可变功率分配器、4个光电探测器及带有 Mach-Zehnder 开关（MZS）的四通道可调谐延迟线[①]。

半导体量子计算方面，我国实现了从无到有的突破，同时在新型比特编码、量子比特超快操控、微波谐振腔与半导体耦合等方面取得了系列创新性成果，走在国际前列，但与以美国等国为代表的顶尖研究团队相比，各方面仍然存在一定差距。

4. 光量子计算

光量子计算原理是利用光子的偏振或其他自由度作为量子比特，光子是一种十分理想的量子比特载体，以常用的量子光学手段即可实现量子操作。其优势：温可操作性；用于制作量子比特的特征多；由于光子与环境相互作用很小，光学量子计算具有相干时间长、与光纤和集成光学技术的相容性等优点。

研究进展：2022年5月，中科大郭光灿院士团队李传锋、周宗权研究组基于自主加工的激光直写波导，实现了光子偏振态的可集成固态量子存储，存储保真度高达（99.4±0.6）%，该工作显著推进了可集成量子存储器在量子网络中的应用。同月，山西大学光电研究所量子光学与光量子器件国家重点实验室由彭堃墀院士领导的量子光学基础和应用研究室，贾晓军教授课题组利用腔增强方法在热原子气室中实现了高效率和低噪声的量子存储。9月，使用计算技术加速集成光子学设计的英国公司 Wave Photonics 正在实施一个50万英镑的 Innovate UK 资助项目，为量子光子集成电路（QPIC）开发封装提供解决方案，目标是开发设计模板和组件，最大限度地减少定制化的工作量[②]。10月，北京量子信息科学研究院全光量子源团队开发完成了国内首台产品级高功率飞秒振荡器——Fermion-007（图3-3）。该产品弥补了国内瓦量级飞秒振荡器的产品空白，在国际上仅有立陶宛 Light Conversion 等少数几家公司具有相当技术指标的产品。Fermion-007采用了多项创新技术，仅一级振荡器即可输出大于7 W、重频80 MHz 的飞秒脉冲激光，其指标、可靠性均达到国际先进水平。并且研发团队已接到超快电镜应用领域的商业合作订单[③]。同月，德国帕德博恩大学、乌尔姆大学的研究人员合作，开发了第一个可编程的光学量子存储器。通过该可编程光学量子存储器，Silberhorn 的团队已经制造了四光子和六光子纠缠态，成功率分别是传统方法的9倍和35倍，此研究促进了量子技术的大型纠缠态的实际应用。11月，洛桑联邦理工学院（EPFL）的 Hamed Sattari 与合著者通过物理移动光子集成电路中的一个悬浮硅环形谐振器，研发了一个用于解复用操作的高功率组件，该成果将推动大规模光子集成电路的实现。

---

① https：//phys.org/news/2022-11-low-loss-chip-scale-programmable-silicon-photonic.html。

② https：//www.businessweekly.co.uk/trade-floor/partnerships-joint-ventures/quantum-leap-wave-photonics-chips-£500k-project。

③ https：//www.ncsti.gov.cn/kjdt/kjrd/202211/t20221102_101678.html。

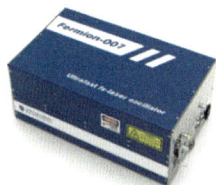

图 3-3　Fermion-007 产品及介绍

　　光量子计算方面，在高品质量子光源、量子算法演示、多光子纠缠和干涉等核心领域，中国科学技术大学引领了国际发展。在核心技术方案上，我国有不少原创性贡献，但在纯算法理论方面，我国与美国的差距较大，主要是因为顶尖的跨数学、计算机、量子理论的专家较少。

5. 冷原子量子计算

　　超冷原子是将原子保持在一个极低温的状态，原子将会处于一种新的量子物态。冷原子被用于研究玻色－爱因斯坦凝聚（BEC）、超流、量子磁性、多体系统、BCS 机制、BCS-BEC 连续过渡等，对理解量子相变有着重要意义。超冷原子由于其独特的量子性质和在此类系统中可用的强大实验控制而具有多种应用。

　　研究进展：2022 年 2 月，中国科技大学在量子模拟领域获重大突破——潘建伟、姚星灿、陈宇翱团队基于超冷锂—镝原子量子模拟平台，首次测得第二声的衰减率（声扩散系数），并以此准确测定了体系的热导率与黏滞系数。此项工作成为利用量子模拟解决重要物理问题的一个范例。与此同时，中国科学技术大学潘建伟、赵博等与中国科学院化学所白春礼小组合作，在超冷原子双原子分子混合气中首次实现三原子分子的相干合成。4 月，ColdQuanta 公司、Riverlane 公司和美国威斯康星大学麦迪逊分校在一个代号为"AQuA"的冷原子量子比特阵列系统上成功运行了一种量子算法，这是业界的第一次成功运行，研究成果发表在 *Nature* 上。5 月，ColdQuanta 公司收购位于芝加哥的 Super.tech 公司并宣布推出世界上第一台基于门的冷原子量子计算机 Hilbert 的测试版。9 月，中国科学技术大学、清华大学和马里兰大学的研究人员提出了一种有效的方案来生成和表征光晶格中的全局纠缠，该生成方案利用了由超交换相互作用引起的纠缠门，并且对退相干具有鲁棒性，纠缠生成和验证协议非常适合冷原子系统，并为进一步的应用奠定了基础，如基于测量的量子计算[①]。10 月，随着空间站梦天实验舱成功升空入轨，北京大学作为科学总体单位合作研制的超冷原子柜从申请、关键技术攻关到正样机研制，历时 11 年终于随梦天舱进入轨道，与核心舱对接，准备开始超冷原子物理科学实验。继美国后，中国成为第二个将超冷原子柜带到太空的国家。11 月，海德堡大学的物理学家团队用超冷原子制成的"量子场模拟器"

---

　　① https://www.nature.com/articles/s41534-022-00609-0#Sec2。

（quantum field simulator），创造了一种微小的膨胀宇宙。该实验能够模拟不同版本的弯曲时空，这些时空对应于几何形状为球形或双曲线的宇宙模型，实验的目的是探索在实验室中不同场景下可能与早期宇宙相似的动力学，能够暂停整个系统并对其进行更仔细的分析。实验的成功表明，类似的模拟器为量子物理学"提供了进入未探索领域的可能性"[1]。同月，中国科学技术大学郭光灿院士团队在长时间空间多模量子态存储方向取得新进展：该团队的史保森、丁冬生课题组利用磁场操控技术结合钟态制备的方法实现了基于冷原子系综的光子高维轨道角动量态的长时间存储[2]。

冷原子量子计算方面，在基于量子逻辑门的原子量子计算方面，我国处于世界第一梯队。我国在逻辑门操控的保真度和相干时间方面有优势，但在原子量子比特数目和比特连接度方面略显落后，尤其是对原子体系优化的理论研究比较欠缺，美欧整体实力最强。

6. 中性原子量子计算

相互作用可控、相干时间较长的中性单原子体系具备在 1 m^2 的面积上提供成千上万个量子比特的规模化集成优势，是进行量子模拟、实现量子计算的有力候选者。基于中性原子的量子计算，一般在超高真空腔中利用远失谐光偶极阱阵列或光晶格从磁光阱或玻色爱因斯坦凝聚体（BEC）中捕获并囚禁超冷的原子形成单原子阵列，然后将原子基态超精细能级的两个磁子能级编码为一个量子比特的 0 态和 1 态[3]。

研究进展：2022 年 4 月，基于中性原子的量子计算领域的全球领导者 Pasqal 与西门子开展多年研究合作，以推动量子计算多物理场仿真领域的发展。Pasqal 用于求解复杂非线性微分方程的专有量子方法有望提高西门子软件解决方案的性能，这些解决方案用于汽车、电子、能源和航空航天等领域的计算机辅助产品设计和测试。2022 年 7 月，Pasqal 和 Le Laboratoire Charles Fabry（查尔斯·法布里实验室）、CNRS（法国国家科学研究中心）实现了在光镊中捕获最多 361 个原子（量子比特）的大型组装阵列，证实了扩展中性原子量子比特的能力，这是欧洲量子计算的里程碑。并计划 2023 年达到 1000 量子比特[4]。11 月，亚马逊的量子计算服务 Amazon Braket 宣布推出 Aquila，这是 QuEra Computing 公司推出的一种新的中性原子量子处理单元（QPU），最多有 256 量子比特。它将在每周二、周三、周四提供 10 h 的服务。该处理器可以用 AWS Braket SDK 进行编程，很快 QuEra 基于 Julia 编程语言的 Bloqade 软件平台也将支持 Aquila[5]。

7. 在超导 / 磁性原子晶格体系

研究进展：2022 年 3 月，墨尔本大学的物理学家已经打造出由 57 个量子粒子组成的时间晶体，是之前谷歌记录的 2 倍多，刷新世界最大时间晶体纪录。2022 年 9 月，南京大学缪峰教

---

① https：//www.nature.com/articles/s41586-022-05313-9。

② https：//physics.ustc.edu.cn/3586/list.htm。

③ 许鹏，何晓东，刘敏，等．中性原子量子计算研究进展[J]．物理学报，2019（3）：16。

④ https：//arxiv.org/abs/2207.06500。

⑤ https：//aws.amazon.com/cn/blogs/quantum-computing/amazon-braket-launches-aquila-the-first-neutral-atom-quantum-processor-from-quera-computing/。

授合作团队通过"原子乐高"的方式，搭建了基于转角石墨烯莫尔超晶格体系的 SU（4）同位旋 – 扩展哈伯德模型量子模拟器，首次观测到钉扎在莫尔超晶格上的一种特殊的电子晶体态：广义同位旋维格纳晶体。其研究成果发表在 *Nature* 上[①]。

8. 其他

超导马约拉纳涡旋态系统、超导 / 量子反常霍尔效应体系、超导 / 拓扑绝缘体异质结构、超导 / 量子自旋霍尔效应体系、分数量子霍尔效应体系、拓扑量子计算理论等方向研究进展：2022 年 6 月，中国科学院物理研究所北京凝聚态物理国家研究中心的高鸿钧研究团队创造了一种大面积、高度有序和可调控的马约拉纳零能模格点阵列。这项研究的意义在于，我国首次实现了大面积、高度有序和可调控的马约拉纳零能模格点阵列，这为拓扑量子计算机奠定了坚实的基础[②]。9 月，中国科大杜江峰院士团队报告了室温下金刚石中单个氮 – 空位（NV）色心的双 qutrit 自旋系统量子关联实验研究。在室温下观察到两个 qutrit 之间的量子纠缠，并揭示了在 qutrit 情况下存在纠缠之外的非经典相关性，为未来研究高维量子系统的基础物理提供了强大的实验平台[③]。9 月 13 日，日本筑波大学的研究人员制造出了一种可以证明量子反常霍尔效应（QAHE）的新设备，其中微小的离散电压阶跃由外部磁场产生，这项工作使极低功率的电子设备及未来的量子计算机成为可能。10 月，北京理工大学物理学院姚裕贵团队与普林斯顿大学 M．Zahid Hasan 团队合作探索一种基于铋（Bi）元素的拓扑材料时，首次在室温下的拓扑绝缘体中观察到新的量子效应——量子自旋霍尔边缘态。11 月，芝加哥大学普利兹克分子工程学院（PME）的研究人员发现了一种新材 $MnBi_6Te_{10}$，该材料可用于创建电子移动的量子高速公路，这些电子通道在连接功能强大、节能的量子计算机内部组件方面具有潜在的用处。$MnBi_6Te_{10}$ 可以充当"磁性拓扑绝缘体"，在保持电子能量和量子特性的同时，让电子在其周长周围穿梭，这是拓扑量子计算机工程的一个重要里程碑。同月，中国科学技术大学郭光灿院士团队与瑞士学者合作，构造了一种新的真多体纠缠态检验方法，可以在不对测量设备做任何假设的前提下检验多体系统的真纠缠性质。这是国际上首个可以检验任意多体系统真纠缠性质的实验工作。

（二）量子计算：量子计算硬件技术百花齐放，工程研发仍在攻坚

量子计算硬件技术路线总体呈多元化发展趋势，每种路线的亮点成果层出不穷，面临的挑战也各不相同，各技术路线竞争较为激烈，其中超导、光量子及离子阱 3 种路线发展较为迅速，中性原子、金刚石 NV 色心未来可期，不同技术路线的逻辑门操作存在一定差异，这可能引起量子计算软件、量子开发工具及量子算法实现等方面发展路径存在差异。

低温设备研究进展：2022 年 3 月 14 日，美国门佛初创公司 Maybell Quantum 推出为下一代量子计算机提供动力的低温平台——Icebox 稀释制冷机。Maybell 制冷机解决了扩展量子

---

①　https：//www.nju.edu.cn/f4/65/c3814a586853/page.htm。

②　https：//www.cas.cn/yw/202206/t20220608_4837623.shtml。

③　https：//arxiv.org/abs/2208.05618。

的几个紧迫挑战[①]。9 月 8 日，IBM 将"黄金眼（Goldeneye）"冷却到工作温度（～25 mK），并在内部连接了一个量子处理器。用于未来量子数据中心的冷却需求，如正在开发的用于 IBM System Two 的 Bluefors Kide 平台。"黄金眼"可使 IBM 考虑在 2025 年之后扩展其量子处理器的许多不同方法，并将帮助其进一步概念化未来量子数据中心的低温基础设施[②]。

测控系统研究进展：2022 年 1 月，苏黎世仪器推出了新一代 8.5 GHz 量子测控一体机 SHFQC。拥有 6 个控制通道、1 个读取通道，可测控 qubit、qutrit 和 ququad。工作频率最高 8.5 GHz，瞬时带宽 1 GHz，无须混频器校准。低相噪、低杂散、大输出功率范围，可满足快速和高保真的门操作。实时信号处理链路，具有匹配滤波器和多态鉴别功能。仪器内即可完成反馈测控，延时 300 ns。配套控制软件有 LabOne、LabOne QCCS 和 Python APIs[③]。3 月，启科量子在离子阱量子计算机工程化研发上取得重大技术进展，发布了国内首套具有自主知识产权的 ARTIQ 架构量子测控系统（QuSoil），该系统打破了国外的垄断，能实现亚微秒级的延迟及纳秒级的同步精度。第一批开放市场定制的产品包括"逻辑门指令编译模块""FPGA 中央处理模块""下位功能组件"（"数字脉冲 I/O 模块"和"数字频率合成模块"）。

量子处理器研究进展：2022 年 1 月，上海交通大学金贤敏团队在实验上实现了单片集成 128 个全同量子光源的阵列芯片，这是截至 2022 年有报道技术中能实现的最大规模的全同可扩展量子光源阵列。2 月，中国科学技术大学郭光灿院士团队任希锋研究组与浙江大学光电科学与工程学院／现代光学仪器国家重点实验室戴道锌团队合作，首次实现了国际片上波导模式编码的两比特量子逻辑门操作。6 月，澳大利亚科学家创造了世界上第一个量子计算机电路，它包含了经典计算机芯片中所有的基本组件，但处于量子规模。与此同时，澳大利亚量子计算制造商 Silicon Quantum Computing（SQC）推出世界上第一个在原子尺度上制造的量子集成电路（量子处理器），并利用该处理器首次解决了理查德·费曼在 63 年前提出的难题。同月，华为技术有限公司公开发明专利"一种量子芯片和量子计算机"，专利公开号为 CN 114613758A。华为公开该量子芯片相关专利，旨在解决量子芯片制作难度大、良率低等问题。7 月，浙江大学物理学院王震、王浩华研究组与清华大学交叉信息研究院邓东灵研究组等合作研发了"天目 1 号"超导量子芯片。

9 月 15 日，法国中性原子量子计算公司 Pasqal 宣布推出 324 个原子（量子比特）的量子处理器，这是截至 2022 年量子比特规模最大的商业量子处理器。10 月，中国科学技术大学郭光灿团队在集成光子芯片上实现人工合成非线性效应，该团队邹长铃、李明研究组提出人工合成光学非线性过程的通用方法，在集成芯片微腔中实验观测到高效率的合成高阶非线性过程，并展示了其在跨波段量子纠缠光源中的应用潜力。同月，新南威尔士大学的一个研究小组在证明硅自旋量子比特可以保持信息长达 2 ms 方面取得了新的突破：这一成就被称为"相干时间"，即量子比特在日益复杂的计算中可以被操纵的时间长度，它比以前同一量子处理器

---

① https：//www.maybellquantum.com/icebox。

② https：//www.quantumchina.com/newsinfo/4325790.html？templateId=520429。

③ https：//www.zhinst.cn/china/cn/products/shfqc-qubit-controller。

的基准时间长 100 倍。2022 年 10 月，由英国伦敦大学和牛津大学的学者领导的英国量子计算初创公司 Quantum Motion，取得了一个重要的进展：可以将数以千计的量子点设备与控制电子装置集成在一起，在绝对零度以上不到 1/10 的温度下运行，并全部实现在一个商业半导体代工厂制造的单一硅芯片上。这为利用现有硅制造工艺大规模生产量子芯片奠定了基础[1]。同月，英特尔在量子芯片生产研究方面达到关键里程碑。首先，硅自旋（半导体）量子比特芯片良率高达 95%；同时，刷新了硅自旋量子比特数量的新纪录——12，超过此前 *Nature* 报道的 6 量子比特，这意味着硅自旋量子比特芯片已经非常接近量产，是朝着商业量子计算机所需的数千甚至数百万量子比特迈出的关键一步[2]。11 月英特尔实验室和元器件研究组展示了迄今为止业界最高的硅自旋量子比特器件报告的产量和一致性。该研究是使用英特尔的第二代硅自旋测试芯片进行的。通过使用英特尔低温探测器 [一种在低温（1.7 K 或 −271.45 ℃）下运行的量子点测试设备] 测试设备，该团队分离出 12 个量子点和 4 个传感器，这一结果代表了业界最大的硅电子自旋器件，代表了英特尔在晶体管制造工艺上扩展和制造量子芯片的一个重要里程碑。同月，在英国国家量子技术展示会（NQTS）上，Riverlane 现场演示了在模拟量子计算机上以零点几秒的时间精确检测特定量子数据错误的整个操作周期：Riverlane 的量子解码器是全球第一个支持多量子比特的解码器，将为第一代容错量子计算机提供动力[3]。11 月，在 NQTS 上，总部位于格拉斯哥的 M Squared 公布了英国第一台商用中性原子量子计算机的原型——Maxwell 系统，这代表了英国在商业可行的量子硬件方面的关键里程碑。11 月，戴尔宣布正在创建将量子计算机融入传统 IT 基础设施的构建模块，同时向新型加速计算机开放数据中心。同月在 IBM 年度量子峰会上，IBM 公司推出了 Osprey 芯片，拥有超过 Eagle（127 量子比特）约 3 倍的 433 量子比特。IBM 表示，在短短 1 年内将芯片上的量子比特数量增加 3 倍的进展表明，公司有望在 2023 年交付世界上第一台拥有超过 1000 量子比特的通用量子计算机 Condor[4]。11 月 1 日，据国家知识产权局中国专利公布公告，华为技术有限公司的"超导量子芯片"专利获批（申请号：CN 115271077A）。

在量子计算硬件上，我国对外依赖度高，与美国等国的差距主要体现在对核心基础材料、关键设备、通用核心器件等的进口依赖。同时，随着量子计算的不断突破，对底层制造技术提出了更高的要求，但我国在一系列技术开发中处于劣势地位。量子处理器封装技术在美国已进入研发初期阶段，但我国还没有相关成果。此外，还包括微纳加工工艺、测控技术、低温制冷技术等由于我国起步基础薄弱，离国际最高水平还有一定差距。

---

① https：//2022.ieee-icecs.org/。

② https：//www.intel.com/content/www/us/en/newsroom/news/intel-hits-key-milestone-quantum-chip-research.html#gs.euc37d。

③ https：//www.riverlane.com/press-release/riverlane-unveils-breakthrough-in-quantum-error-detection。

④ https：//research.ibm.com/blog/next-wave-quantum-centric-supercomputing。

（三）量子软件：量子软件算法创新活跃，开源开放多样发展

在量子计算软件与算法方面，量子软件作为连接量子硬件与用户的桥梁，2022 年尚处于开放探索阶段，研发主要集中在基础运行类、计算开发类、应用服务类及通用系统类等方面，且均有一定成果。

研究进展：2022 年 2 月，中国科学院软件所团队发布全新量子计算编程软件——isQ-Core，并成功部署至世界领先的超导量子硬件平台，标志着国产量子计算软硬件结合迈出重要一步。3 月，中国电子信息产业集团有限公司"PKS"信创体系与量子软件体系整合完成量子计算对接测试，国产"PKS"自研体系实现算力代际跨越。在本次对接测试中，基于飞腾芯片和麒麟操作系统的底层架构"PKS"计算体系首次实现了量子程序运行实验，该量子软件由启科量子研发团队自主研发并进行了信创体系整合 [①]。同月，Q-CTRL 进行技术改进使量子算法成功率提高了 9000 倍，证明其自主纠错技术将量子计算算法在真实硬件上成功的可能性提高了 1000 倍以上，刷新了 2021 年 11 月报告的 25 倍，缩小量子计算机理论性能和实际性能的差距。同月，量子计算机初创公司 Bleximo 的一个科研团队构建特定应用的量子硬件和合适的软件，通过一个文稿来演示通过量子算法实现蒙特卡罗模型（常用来估计期权价格的统计模型，得名于赌城蒙特卡罗）所需的步骤，展示了蒙特卡罗的量子版本应用于期权定价，并说明了运行算法所需的硬件要求。4 月，量子软件工程和开发供应商 aQuantum 在亚马逊云科技（AWS）上推出其云计算本地软件即服务（SaaS）平台 QuantumPath®，帮助客户简化经典 / 量子混合软件系统中的量子算法开发。5 月，量子计算的行业领导者 IonQ 公布其最新一代的量子系统 IonQ Forte。该系统采用了新颖、尖端的光学技术，能够提高精确度，并进一步增强 IonQ 行业领先的系统性能。Forte 预计将在 2022 年最先提供给特定的开发者、合作伙伴和研究人员，并有望在 2023 年提供给更多的客户使用。

2022 年 4 月，合肥本源量子计算科技有限责任公司正式发布首个国产量子芯片设计工业软件（以下简称"Q-EDA"）——本源坤元（Origin Unit）。全球用户可通过本源量子云平台直接在线访问和使用，未来可通过授权下载到本地部署，该软件同时支持超导和半导体量子芯片版图自动化设计，是实现量子芯片自主研发及产业化生产的重要条件，成功填补了我国 Q-EDA 领域的空白。6 月，QCI 推出了一套量子软件技术——QAmplify，可将当前任何量子计算机的处理能力提高多达 20 倍。QAmplify 能够为任何量子计算机增压，以解决当今现实世界的现实业务问题。同月，京东探索研究院发布了一款基于 Python 可微分编程的量子机器学习软件平台 TeD-Q（Tensor-network enhanced Distributed Quantum），该平台同时支持求解量子变分算法及量子计算模拟。7 月，NVIDIA 推出了一个新的编程平台——QODA（Quantum Optimized Device Architecture），用于加速人工智能、HPC、健康、金融和其他学科的量子研究和开发突破。QODA 加入 Nvidia 的量子模拟 SDK cuQuantum，用于 GPU 加速系统，与 cuQuantum 不同，QODA 旨在由量子处理器和加速经典系统组成的混合系统开发和运行混合量子经典应用。2022 年 7 月，Zapata Computing 的科学家 Manuel S.

[①] https：//baijiahao.baidu.com/s？id=17310743355819921350&wfr=spider&for=pc。

Rudolph 等联合 IONQ 的 Sonika Johri，首次实验实现量子－经典生成算法，该算法能够使用基于门的量子计算机生成手写数字的高分辨率图像。2022 年 7 月 11 日，字节跳动作为第一参与机构，设计了一种量子与经典混合算法，该算法可高效模拟计算小分子特性。实验中，研究团队将自适应能量排序策略和经典计算方法，即密度矩阵嵌入理论相结合，提出了一种规避限制的方法，分别降低了电路深度和问题规模，并可以对量子系统进行多尺度描述，以实现实际分子的实际量子模拟 [①]。9 月，日本冲绳科学技术大学院大学（OIST）的 Jason Twamley 团队与爱尔兰都柏林三一学院和澳大利亚布里斯班昆士兰大学的合作者提出了一种新的纠错技术——连续量子纠错的基于测量的估计器方案。11 月，深圳量子科学与工程研究院俞大鹏院士、燕飞副研究员等与中国科学院计算所孙晓明研究员团队合作，在量子算法实现与量子体系结构领域取得了新的进展。研究团队提出并在实验上实现了一种易扩展的量子版本的逻辑"与"（AND）门，大幅降低了在量子系统实现与逻辑的硬件代价，为一系列关键量子算法的实现奠定了基础。

另外，量子软件方面，我国在包含量子计算平台和量子教育学习平台在内的量子基础软件的开发上具有优势，但在生态建设方面积累不足，在核心算法等领域落后；我国在量子控制软件领域起步较晚，相关产品较少，且竞争力较弱，在国际市场或学术圈影响力较小；在量子应用软件，我国起步较晚，且该领域人才较少，但该方向仍处于新兴阶段，我国依然有追上甚至超越领先者的潜力。量子操作系统方面，我国在量子计算复杂度理论研究、量子计算机应用算法和软件设计、量子程序和程序验证及量子汇编编译器理论等量子操作系统的最上层的研究方面，基础理论有优势，但在软件开发和用户生态上落后于美国；在量子芯片的自动校准理论和软件、容错量子计算、近期含噪声量子计算机的编译系统、量子计算机体系结构全栈优化等量子操作系统底层的研究方面，全世界都处于刚起步的阶段。

（四）量子云：量子计算登上云端，满足更多用户体验

量子云平台通过经典计算机模拟量子芯片，在虚拟环境下进行量子算法演绎，能够在量子算法成熟后反向促进专用量子芯片的设计。量子计算云平台具有两个方面的优势：一方面，用户可以在云端的量子处理器上运行自定义量子线路代码，不仅能够了解处理器的性能、技术瓶颈等，还能够为下一代处理器的开发积累经验；另一方面，通过经典计算机模拟量子芯片的工作原理和运行逻辑，可以率先进行量子算法和软件的开发和验证。

根据国际知名咨询公司 ICV 统计，截至 2021 年，全球陆续已有约超过 20 家公司 / 科研机构发布量子计算云平台。目前，已经有使用超导、离子阱、退火、光量子、核磁共振、硅自旋等硬件为依托的云平台。当前，全球量子计算硬件公司和软件公司积极与云平台服务商开展多元化合作，共同推动量子计算发展。截至 2022 年，国外主要量子计算云平台有美国 IBM 的 IBM Quantum Composer 和 IBM Quantum Lab，实行初级、中级、高级 3 个等级的访问。美国微软的 Azure Quantum，用户通过该系统可以访问 IONQ、霍尼韦尔、Quantum

---

① https：//arxiv.org/pdf/2109.08062.pdf。

Circuits Inc、Rigetti Computing 的量子计算机，还可以使用微软、1QBit、东芝开发的优化算法。谷歌的量子云平台可访问 IONQ 和谷歌的超导量子计算机。加拿大 D-wave 的 Leap，截至 2022 年，Leap 量子云服务提供访问的国家有 38 个，中国目前不在可访问国家列表中。我国量子计算云平台紧跟国际步伐，主要有阿里云和中国科学院联合发布的量子计算云平台，可接入超导量子服务；本源量子的量子计算云平台提供超导、半导体等量子芯片服务；华为发布量子模拟器 HiQ 云服务平台；昆峰量子的量子芯片设计服务云平台 QDAP Alpha、此外还有北京量子院、中国科学院物理研究所、量子创新研究院等积极为国内量子计算发展贡献力量。

研究进展：2022 年 1 月，D-Wave 在德国于利希研究中心——超级计算中心推出首个位于北美以外的 Leap™ 量子云系统。这是欧洲地区第一个商用量子计算系统。2 月，中国科学院量子信息与量子科技创新研究院（上海）量子计算云平台上新"青果"（Quingo）量子编程语言，该语言是由国防科技大学计算机学院 QUANTA 团队联合华东师范大学软件学院程序理论团队等国内外团队开发的。以该语言为基础，设计实现了首个全面的量子－经典异构编程框架，创新性提出了高级量子编程语言层面的量子操作时序控制、量子运行时系统等一系列先进技术[①]。2 月 15 日，量子计算公司 Rigetti 的 80 量子比特系统测试版 Aspen-M 全面上市，该系统已同时上线 Rigetti 量子云服务（QCS）和亚马逊 Braket 平台。4 月，IBM 云推出新的即用即付计划（pay-as-you-go）的测试版，为任何拥有 IBM 云账户的人提供对两个 27 量子比特 Falcon 处理器的访问权限。用户可以使用 Qiskit 运行时（Runtime）原语开发高要求的量子程序，并在 IBM 的先进系统无缝执行这些程序，只需使用信用卡或 IBM 云积分购买所需资源，费率为 1.60 美元／运行时秒（runtime second），这是第一个通过 Qiskit 运行时的即用即付定价模式，为选定的 IBM Quantum 系统提供基于消费的定价访问 IBM 业务的合作伙伴。7 月，浙江大学计算机科学与技术学院尹建伟团队开发了首个面向用户的、支持多量子计算机并行调度的超导量子计算云平台"太元一号"，该平台利用可视化的编程环境，降低量子计算机的使用门槛，可远程访问"天目 1 号"量子芯片。11 月，德国将创建首个量子计算商业云。德国经济事务和气候行动部（BMWK）与软件公司 QMWare 和云专家 IONOS，以及斯图加特大学和 FOKUS 研究所签订合同，为德国工业建设一个量子计算应用平台，这种云将是该国首个量子计算商业云，在电信、物流、金融、汽车和能源等领域测试应用程序。

量子计算云平台作为展示量子计算实用化优势和输出能力的途径之一，将在未来很长一段时间内助力量子计算的商业化进程，以更低的成本和更优质的服务满足用户的更多需求。

二、量子计算技术专利分析

1. 量子计算专利趋势

从图 3-4 量子计算专利趋势可以看出，量子计算技术专利申请量从 2015 年开始大幅提

---

① 中国科学院量子创新研究院云平台官网。

升，在 2020 年达到申请高峰。2015 年之前，量子计算专利处于缓慢提升阶段，自 2015 年起，主流国家开始将量子信息科技提升为国家战略级别，这一转变直接促进了量子计算专利申请量的提升，此后政策力度与专利申请数量明显加速，以中、美、日、欧四方为首，各国家和地区在量子信息领域开展了新一轮科技竞赛，因此量子计算专利数量仍处于加速提升阶段。

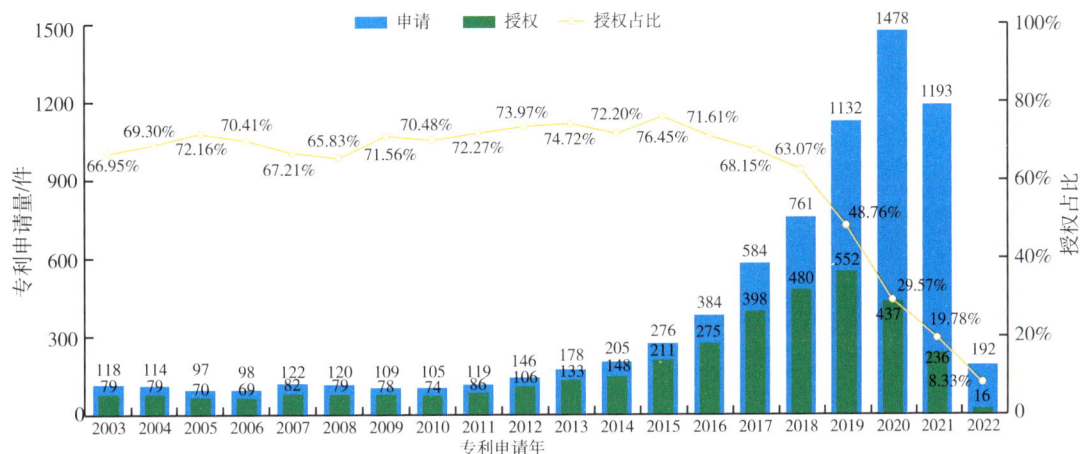

图 3-4 2013—2022 年量子计算专利趋势（截至 2022 年 7 月）

2. 量子计算专利技术来源国趋势

将量子计算领域的专利从专利申请人所属国家、地区及组织来划分，并绘制申请趋势如图 3-5 所示。

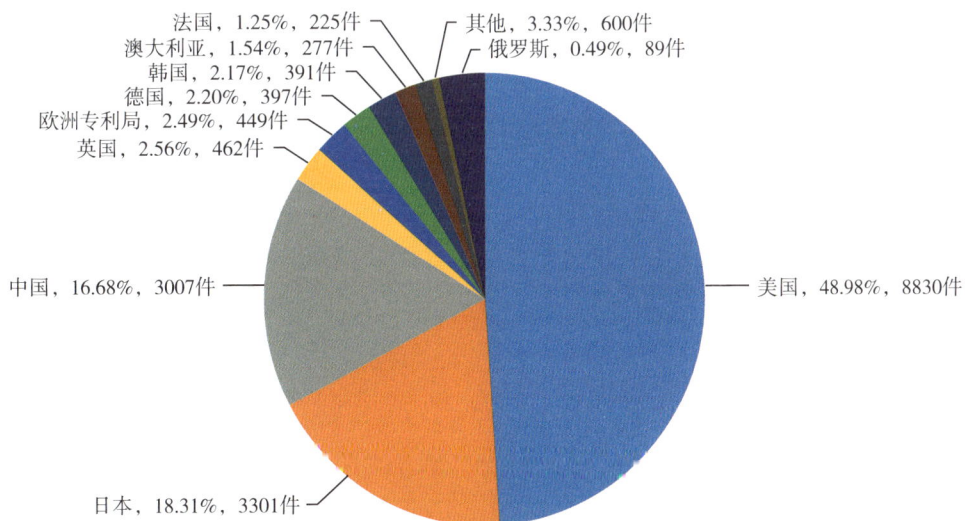

图 3-5 量子计算专利技术来源国家、地区及组织申请趋势（2013—2022 年）

对图 3-5 进行分析，美国专利申请量居第 1 位，共申请 8830 件专利；日本居第 2 位，共申请 3307 件专利；中国以申请 3007 件专利紧随其后。另外，据资料显示，从专利申请年看，则是美国第一、中国第二、日本第三的排名。2012 年以前，日本申请量仅次于美国排在第 2 位，2012 年中国专利申请量超越日本，排在第 2 位，此后美国专利申请量每年都大幅提升，提速较快，而中国到 2016 年才开始大幅提速，中美两国申请趋势差距进一步拉大。

3. 量子计算专利申请人技术领域趋势

分析图 3-6 量子计算专利申请人技术领域趋势申请人信息可知，美国专利申请主体 IBM 是量子计算专利申请领域的领头羊，两家著名日本公司富士通和日立紧随其后，我国量子企业仅有本源量子进入主要申请人名单。由图可看出，日本申请主体掌握了较多的 H01L39（超导技术）专利，而掌握的 G06N10（量子计算）的专利数量较少，这与日本基础科学较强、前沿科技较弱的现实情况相符。我国的本源量子在 G06N10（量子计算）分支中，拥有 228 项专利，虽与 IBM 仍有较大差距，但已经大幅领先微软、英特尔，站在中美量子计算竞争的最前沿。

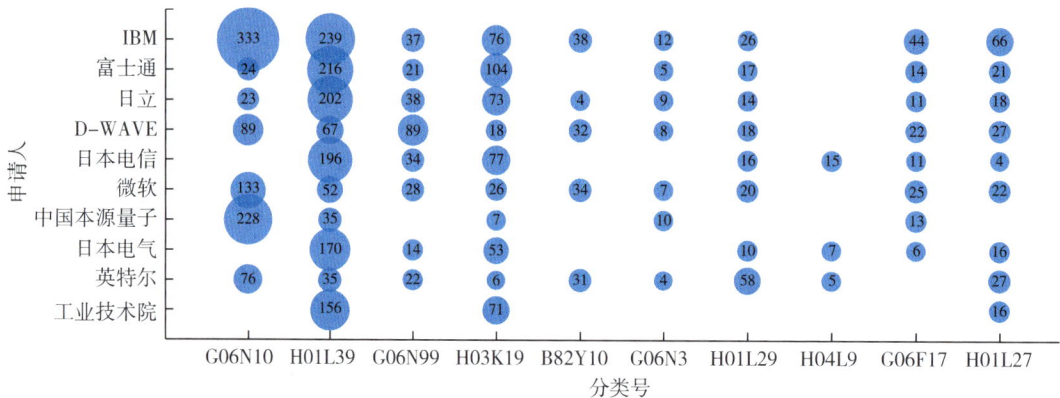

图 3-6　量子计算专利申请人技术领域趋势（截至 2022 年 7 月）

4. 量子计算专利旭日图

根据量子计算领域专利申请热点绘制旭日图，如图 3-7 所示。

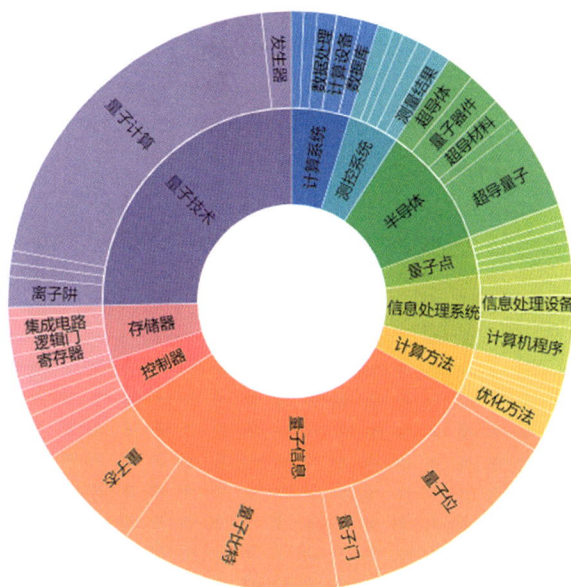

图 3-7　量子计算专利旭日图（截至 2022 年 7 月）

从图 3-7 可以看出各技术领域内详细的技术焦点。从图下部可以看出，量子态、量子门、量子比特等量子计算基本单元技术仍是专利热点，这意味着，量子计算的底层技术仍未成熟，还需假以时日培育。从图右上方半导体部分可以看出，超导量子技术仍是量子计算技术的主流选择。

三、量子计算技术产业及生态发展

（一）政府布局

从全球范围来看，各国政府纷纷出台支持量子计算的发展战略，将量子信息技术视为未来科技发展的关键技术，下拨大量资金用于量子计算技术研究。

美国是最早将量子信息技术列入国防与安全研发计划的国家，对量子计算研究给予长期和广泛的支持，美国国家科学基金会、国防部、能源部、国家标准与技术研究院等机构均部署了项目研发工作，并在基础理论研究、量子处理器研制和应用探索等方面处于领先地位。欧洲高度重视量子信息技术对国家安全、经济发展等方面的影响，投入大量资源以发展相关技术。英国高度重视量子信息科学的基础研究，近年来，正逐步转变为基础研究和商业应用并重。德国提出"量子计算－从基础到市场"框架计划，希望推动实现量子技术的产业化发展。荷兰发现了量子计算的巨大潜力，已制订了 10 年期量子计算发展计划。日本于 2001 年起开始量子计算技术的布局，将该技术作为重点开发研究之一。除此之外，其他国家如加拿大、澳大利亚、印度、韩国、俄罗斯、以色列等也积极部署量子计算技术发展，相继列入国家技术计划，加大研发投入。

我国也高度重视量子计算技术的研究，将其列入国家发展规划，但与国际领先水平仍存在差距，正在积极追赶。近年来，推出一系列相关计划和政策，不断加大投资和科研力度，力争在量子计算领域取得重大突破。

（二）科研机构布局

1. 量子计算领域

2022 年 9 月，武汉量子技术研究院正式入驻位于光谷的武汉高科医疗机械先进制造园。武汉量子技术研究院由东湖高新区作为举办单位，依托武汉大学、中国科学院精密测量院、华中科技大学共同组建，主要开展量子科学基础理论研究与核心关键技术攻关，研究方向包括量子探测与量子通信、量子精密测量等，推动量子工程示范应用和科技成果转化。武汉量子技术研究院 2021 年获批成立，一年多的时间内，做出了国内首个原子量子计算云平台"酷原量子云"等成绩，预计 2022 年底发布国内首台 100+ 比特的原子量子计算原型机。

2. 超导量子计算领域

美国的科研机构多且技术积累雄厚，包括耶鲁大学、加州大学圣塔芭芭拉分校、麻省理工学院、普林斯顿大学、威斯康星大学麦迪逊分校、加州大学伯克利分校、芝加哥大学、马里兰大学等，其中，由 Devoret、Girvin 和 Schoelkopf 等领导的耶鲁大学超导量子计算团队是该方向的开创先驱之一。国内参与超导量子计算研究的机构以高校和中国科学院研究所为主，包括中国科学技术大学、浙江大学、清华大学、南方科技大学、北京量子信息科学研究院、中国科学院物理研究所等。其中，中国科学技术大学朱晓波团队、浙江大学王浩华团队等的研究水平已达到世界一流水平。

3. 离子阱量子计算领域

国际该领域的研究团队分别来自美国马里兰大学、杜克大学，奥地利因斯布鲁克大学、科学院量子光学与量子信息研究所等；国内的研究团队主要来自清华大学、中国科学技术大学、国防科技大学，其中，清华大学在长相干时间的量子存储、高维离子阵列单独寻址等方面位居世界先进行列。

4. 半导体量子计算领域

国际半导体量子计算的主要机构包括美国普林斯顿大学、休斯实验室、荷兰代尔夫特理工大学、日本理化学研究所、澳大利亚新南威尔士大学等。国内研究团队主要来自中国科学技术大学、中国科学院物理研究所、中国科学院微电子研究所等。

5. 光量子计算领域

国外主要机构有麻省理工学院、维也纳大学、布里斯托大学、牛津大学等；国内主要机构有中国科学技术大学、北京大学、上海交通大学、中国科学院上海微系统与信息技术研究所、华中科技大学、中山大学等。

6. 冷原子量子计算领域

该方向国际综合实力最强的研究团队是美国哈佛大学的 M.LUKIN 团队、法国巴黎高科高等光学所的 A.BROWAEYS 团队、美国威斯康星大学的 M.SFFMAN 团队，还有一些团队在单个指标上有一定优势，如英国斯特拉思克莱德大学的 J.D.PRICHARD 团队、日本分子科学研究所的 K.OHMORI 团队、韩国先进科学技术研究所的 J.AHN 团队、俄罗斯莫斯科大学 S.STRAUPE 团队等国内具有潜力的研究团队有山西大学张天才和王军民团队、华中科技大学李霖团队、华南师范大学颜辉团队等。

7. 拓扑量子计算领域

在超导/半导体纳米线体系研究，国外集中在微软 Q-station、代尔夫特大学、哥本哈根大学、马里兰大学、加州大学圣芭芭拉分校等机构。我国优势机构包括清华大学、北京大学、中国科学院物理研究所和中国科学院半导体研究所、北京量子信息科学研究院、国防科技大学等，具有潜力的机构还包括南方科技大学等新兴大学。

8. 超导/磁性原子晶格体系研究

进展最为突出的是美国普林斯顿大学的 Ali Yazdani 研究组和德国汉堡大学的 Roland Wiesendanger 与 Jens Wiebe 研究组，此外，德国柏林自由大学的 Katharina Frankel 研究组和芬兰阿尔托大学的 Peter Liljeroth 研究组等也表现突出。我国研究机构主要包括华中科技大学、上海交通大学、中国科技大学等，我国在该研究领域起步较晚，尚未做出重要的进展工作。

9. 核磁共振量子计算

主要研究机构包括中国科学技术大学、荷兰代尔夫特理工大学、德国斯图加特大学等，具有潜力的机构还包括清华大学、南方科技大学等。在核磁共振体系的量子算法方面，早期世界一流水平是美国麻省理工学院的 I.L.Chuang 研究组，近年来，中国科学技术大学杜江峰团队已为了世界一流水平。在核磁共振体系的量子控制方面，加拿大滑铁卢大学量子计算研究所的 D.G.Cory 研究组和 R.Laflamme 研究组代表最高水平，中国科学技术大学杜江峰团队已达世界先进水平。在核磁共振体系的量子模拟方面，中国科学技术大学杜江峰团队在液态核磁共振体系的量子模拟上处于国际先进水平，加拿大滑铁卢大学量子计算研究所 D.G.Cory 研究组和美国麻省理工学院 P.Cappellaro 研究组在固体核磁共振体系的量子模拟方面保持国际领先水平。

10. 其他

在超导马约拉纳涡旋态系统、超导/量子反常霍尔效应体系、超导/拓扑绝缘体异质结构、超导/量子自旋霍尔效应体系、分数量子霍尔效应体系、拓扑量子计算理论研究等领域，我国表现突出的优势机构包括上海交通大学、中国科学院物理研究所、中国科学技术大学、复旦大学、南京大学、中国科学院大学、华中科技大学、北京大学等。其中，上海交通大学贾金锋团队，中国科学院物理研究所胡江平团队、丁洪团队、高鸿钧团队，北京大学谢心澄团队等位列世界先进行列。

（三）企业布局

麦肯锡研究报告《量子技术监测》指出，在量子计算领域，从参与的公司的数量来看，美国是最活跃的国家（表 3-1 和图 3-8）。

表 3-1 各国具有一定规模的量子计算公司数量

国家	2021 年公司数量 / 家	2015 年公司数量 / 家	国家	2021 年公司数量 / 家	2015 年公司数量 / 家
美国	60	16	法国	8	0
加拿大	27	6	德国	8	1
英国	19	4	澳大利亚	7	2
日本	13	3	西班牙	7	0
中国	8	0	芬兰	6	1

来源：麦肯锡研究报告《量子技术监测》。

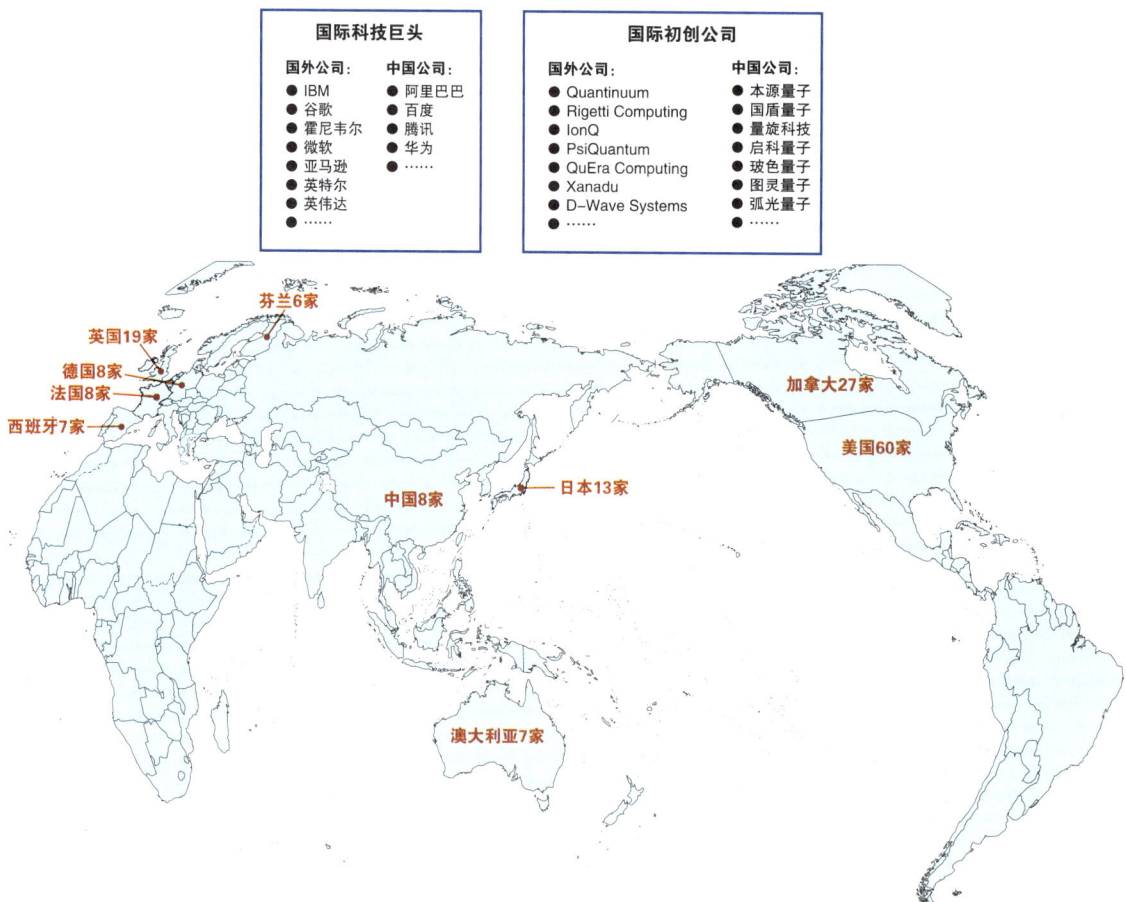

图 3-8 各国具有一定规模的量子计算公司分布

　　量子计算的主要企业类型可分为两类：第一类是国际科技巨头，国外的代表公司有 IBM、谷歌、霍尼韦尔、微软、亚马逊、英特尔、英伟达等巨头相继在该领域布局，强化资金配置、工程实现和软件控制等能力，借助自身优势，积极进行量子处理器原型产品及软件算法的技术研发，并开展全球合作，图 3-9 给出了 6 家国外量子计算巨头公司。我国科技公司阿里巴巴、百度、腾讯、华为等相比国外巨头布局较晚，近年来通过与科研机构或高校合作或聘请知名科学家等方式成立实验室，在量子计算平台、算法、软件和应用等方面展开布局。

公司	商业模式	技术路线	量子硬件	量子软件	量子云平台
IBM	硬件+软件+云平台	超导	127量子比特处理器 "Eagle"	开源Qiskit Metal	IBM Q Experience
Google	硬件+软件+云平台	超导	53量子比特 "悬铃木"	TensorFlow-Quantum、FermiNet	OpenFermion量子化学专用服务
intel	硬件	半导体、超导	49量子比特超导量子芯片 Tangle Lake，半导体量子芯片Horse Ridge	—	—
Microsoft	硬件+软件+云平台	拓扑、光量子	—	QDK开源工具包	Azure Quantum，提供IonQ、QCI、Honeywell、Rigetti等四家量子云平台接入
Honeywell	硬件+软件+云平台	离子阱	1024量子体积 System Model H1	开放优化、机器学习、化工材料等领域的应用程序	与微软云平台合作
amazon	硬件+云平台	超导	—	—	AWS Braket，提供IonQ、Rigetti、D-wave三家量子云平台接入

图 3-9　国外量子计算巨头公司

专栏 3-1

量子计算巨头公司——IBM

IBM 是美国计算机巨头，是截至 2022 年量子计算专利数最多、量子计算机实力最强的公司。2000 年，IBM 开始探索超导量子计算，此后在量子计算方面长期处于世界领先地位。2016 年，IBM 发布了第一个量子云平台，接入了 5 量子比特的量子芯片 "金丝雀" (Canary)；2019 年，IBM 推出 27 量子比特 "猎鹰" (Falcon) 处理器；2020 年推出 65 量子比特 "蜂鸟" (Hummingbird) 处理器。2021 年，IBM 突破 100 比特关卡，推出 127 比特的 "猎鹰" (Eagle) 处理器。在 Eagle 处理器上，IBM 加入了并发实时经典计算能力，可以执行更多的量子电路及代码。除量子计算机外，IBM 还拥有 Qiskit Runtime 等量子开发工具，以此打造 IBM 量子生态，这一战略取得了较大的成效，IBM 量子计算机已经被欧洲、亚洲及美洲的多个国家采用，我国的台湾省也引进了 IBM 量子计算技术，截至 2022 年 IBM 量子生态是全球所有量子生态中最大的。

2022 年，IBM 在其官网公布了修正的量子计算技术发展路线图，根据该路线图，IBM 将更新其 Qiskit 软件工具包，目标是到 2025 年，能够提供可用于机器学习、科学计算等领域的成熟应用程序。在硬件方面，IBM 将分别在 2022 年、2023 年发布具有 433 量子比特的 "鱼鹰" (Osprey) 处理器 (图 1) 和具有 1121 量子比特的 "神鹰" (Condor) 处理器，并将错误率保持在 0.01%，也就是大约每 10000 次操作中出现 1 个错误。为了实现 1000 量子比特的目标，IBM 正在开发一个全新的、更大的稀释制冷机。其内部代号为 Goldeneye (黄金眼)。同时 IBM 将开发模块化量子计算技术，允许多芯片处理器、经典并行化和量子通信并行化。路线图的终极目标，是到 2025 年能够发布 4000+ 量子比特的处理器。

图 1　433 量子比特的 Osprey

第二类是量子计算初创公司，大多脱胎于科研机构或科技公司。近年来，来自政府、产业巨头和投资机构的创业资本大幅增加，初创企业快速发展。2022 年，全球有百余家初创企业，涵盖软硬件、基础配套及上层应用各环节，代表公司有美国和英国合资公司 Quantinuum，美国 Rigetti Computing、Quantum Computing Inc、IONQ、PsiQuantum、QuEra Computing、Strangeworks，加拿大 Xanadu、D-Wave Syste，澳大利亚 Quantum Brillianc，奥地利 Alpine Quantum Technolo，芬兰 IQM、英国 OQC 等，图 3-10 介绍了 5 家国外量子计算初创公司。国内主要有本源量子、国盾量子、量旋科技、启科量子、玻色量子、图灵量子、昆峰量子、弧光量子等。

公司	商业模式	技术路线	量子硬件	量子软件	量子云平台	总部所在地
D:wave	硬件+软件+云平台	退火+门	Advantage™系统，超过5000+量子位	Ocean™	Leap™	加拿大
IONQ	硬件+云平台	离子阱	单比特门达79量子比特，双比特门达11量子比特	—	与微软、亚马逊合作	美国
ColdQuanta	硬件+软件+云平台	冷原子	121量子特比"Hilbert"	—	通过Strangeworks开通量子云平台	美国
IQM	硬件+软件	超导	5量子比特"Micronova"	开源KQCircuits	—	芬兰
rigetti	硬件+软件+云平台	超导	80量子比特"Aspen-M"	PyQuil、Quilc、QVM	QCS	美国

图 3-10　5 家国外量子计算初创公司

专栏 3-2

量子计算初创公司——牛津量子电路公司

牛津量子电路公司（Oxford Quantum Circuits, OQC）是一家量子计算公司，于 2017 年 6 月从牛津大学物理系拆分出来独立运营，是第一家与英国国家量子计算中心（NQCC）签署合作备忘录的企业，致力于在 2025 年之前交付英国自有技术的 100+ 量子比特计算机。OQC 拥有独特的 3D 架构芯片 Coaxmon 专利，该架构将控制和测量接线从平面移到三维环境。这极大地简化了制造过程，降低了不必要的串扰（这是其他方法的固有缺陷），提高了相干性及可扩展性，具有更高性能的潜力。OQC 的母公司牛津仪器（Oxford Instruments）拥有世界上最先进的稀释制冷机技术，也是超导量子计算必不可少的元器件。

2021 年 7 月，OQC 宣布推出英国首个完全自主技术构建的商用量子计算即服务（QCaaS）平台，该平台基于 OQC 的 Sophia 系统，Sophia 系统位于英国最先进的实验室内，即英国第一个商业量子计算实验室内。2022 年 2 月，OQC 最新系统在 Amazon Braket 上首次亮相。基于专用技术构建的 8 量子比特超导量子计算机"Lucy"，以德国物理学家和量子力学先驱 Lucy Mensing 的名命名。Lucy 搭载了 OQC 的 Sophia 系统。除了新的量子硬件，Amazon Braket 扩展到伦敦区域（欧洲西 2 区），英国和欧洲面临数据驻留义务的 Amazon Braket 客户现在可以更轻松地实现合规性。此外，Amazon Braket 托管的 3 种量子计算模拟器——状态向量模拟器（SV1）、密度矩阵模拟器（DM1）和张量网络模拟器（TN1）也同步在欧洲西二区正式可用。

专栏 3-3

量子计算独角兽——本源量子

合肥本源量子计算科技有限责任公司（简称"本源量子"）成立于 2017 年 9 月 11 日，位于安徽省合肥高新区，是国内首家将量子计算正式推向商用领域的量子计算企业，由中国科学院院士郭光灿和中国科学技术大学郭国平教授带领中国科学技术大学博士团队创立。

2021 年 9 月 10 日，本源量子发布未来五年量子计算技术规划路线图。路线图显示，到 2025 年，本源量子将突破 1000 量子比特，达到 1024 量子比特，这意味着专用量子计算机将诞生，并能实际应用到一些行业领域中去，影响和改变人们的生活。2022 年 2 月，安徽省发展改革委正式发布 2021 年度安徽省工程研究中心评审结果，合肥本源量子计算科技有限责任公司组建的安徽省量子计算工程研究中心正式获批。2021 年 2 月 8 日，本源量子发布首款国产量子计算机操作系统——本源司南。该系统全面超越已有产品，实现量子资源系统化管理、量子计算任务并行化执行、量子芯片自动化校准等全新功能，助力量子计算机高效稳定运行。

自 2017 年成立以来，本源量子一直专注于完全自主知识产权的量子计算机研制与技术创新，充分发挥自身在国内量子计算核心技术领域的独特优势，已自主研发出多种类的量子计算软硬件产品，技术指标国内领先。专利涉及量子芯片（结构设计、制备工艺、测试和封装）、量子测控（元器件、测控信号处理、测控系统）和量子软件（编译语言、编程框架、量子计算应用）。本源量子还致力于成为未来量子计算领域的核心专利授权商。自成立以来，本源量子便充分发挥自身在国内量子计算核心技术领域的独特优势，针对自主研发出的多种量子计算软硬件产品，已申请专利、商标、软件著作权近500件。本源量子已获"国家高新技术企业""合肥市知识产权示范企业"等多项荣誉称号。未来，本原量子还将专注于完全自主知识产权的量子计算机研制与技术创新，为量子计算贡献中国力量。

（四）产业链全景

量子计算领域处于早期探索阶段，核心参与者不多，但在硬件和软件方面已经出现了原型机和相关软件等产品，量子计算产业链雏形已经形成，产业发展势头较好，生态不断壮大，如图3-11所示。上游为量子芯片，重要为量子计算机提供底层计算资源；中游为基础软件，主要面向开发人员，为量子计算和量子机器学习算法提供软件开发环境、量子编程框架和量子算法库，并通过云端服务器连接分配硬件服务器计算资源；下游为应用服务，主要面向用户，根据特定的场景和应用需求，提供数据分析工具、材料设计等应用服务，以及医疗制药、智慧城市、人工智能加速计算等服务[1]。

图 3-11　量子计算产业链

---

[1] 汪晶晶，杨宏，雷根，等 . 量子计算产业化国内外发展态势分析 [J]. 世界科技研究与发展，2022，44（5）：631-642。

典型的量子芯片产品有谷歌的"悬铃木"（Sycamore）、中科大的"九章""祖冲之号"、IBM 的"鹰"（Eagle）等。核心元器件以超导量子计算机为例，必不可少的包含低温设备（以 mK 级稀释制冷机为主）和测控系统。2022 年 3 月，亚马逊 Braket 推出了欧洲第一台量子计算机"Lucy"，由牛津量子电路公司（OQC）研发，扩大了亚马逊 Braket 的市场，并巩固亚马逊 Braket 在欧洲量子服务界的地位。2022 年 3 月，富士通（Fujitsu）已经成功开发了世界上最快的量子计算机模拟器，能够在以富士通超级计算机 PRIMEHPC FX 700 为核心的集群系统上处理 36 量子比特的量子电路，该系统配备了与世界上最快的超级计算机 Fugaku 相同的 A64FX CPU。2022 年 5 月，D-Wave 推出第一台 Advantage 量子计算机，该计算机是通过位于美国的 Leap 量子云服务的。2022 年 6 月，栈量子计算公司 Rigetti Computing 的全资子公司 Rigetti UK Limited 宣布在英国推出其 32 比特的 Aspen 系列量子计算机。该计算机是 Rigetti 在英国的第一台量子计算机，将通过 Rigetti QCS™ 向其英国合作伙伴提供云服务。与此同时，Xanadu 制造了一种可编程光量子计算机 Borealis，其具有 216 个压缩状态量子比特，在特定任务中的性能优于经典超级计算机，可通过 Xanadu Cloud 和 AmazonBraket 向世界各地的人们提供服务。中关村前沿科技企业中科鑫通微电子技术（北京）有限公司将于 2023 年在北京建成国内首条"多材料、跨尺寸"的光子芯片生产线，这将填补我国在光子芯片晶圆代工领域的空白[①]。

在量子软件上，程序设计主要围绕硬件进行开发。现阶段，主要是为研发服务的程序，如可供芯片电路设计与验证、实验结果分析等，提高研发效率、降低研发试错成本，如本源量子发布首款国产量子计算机操作系统——本源司南，实现量子资源系统化管理等。

量子云平台主要用于允许来访用户操作构建量子电路并在真实的量子硬件或模拟器上运行它们。2022 年 2 月，中国科学院量子信息与量子科技创新研究院量子计算云平台（以下简称"量子计算云平台"）成功部署两大全新国产量子编程软件——isQ-Core、青果（Quingo），该云平台是截至 2022 年国内硬件规模最大的量子计算云平台，并将引入"祖冲之二号"的计算能力（66 量子比特）。

应用服务领域，量子计算具有经典计算无法比拟的优势，在特定领域能够解决经典计算无法解决的问题，在量子化学、量子人工智能、量子优化等方面具有广阔的应用前景。

目前量子计算行业处于早期探索阶段，核心参与者众多，主要以国内外知名研究机构（如普林斯顿大学、代尔夫特理工大学、中国科学技术大学、浙江大学等）、科技巨头（如 IBM、Google、Intel、Honeywell、阿里巴巴、华为、百度、腾讯等）、初创公司（如 IONQ、Rigetti、本源量子）等作为研发主体。第三方云服务商（如微软、亚马逊等）提供云平台，在标准化业务场景中具有显著优势。

在产业应用方面，量子计算是当前量子技术的核心投资领域，具备超强算力的量子计算机有望为诸多计算难题带来全新的解决方案，将在金融工程、材料化学、生物医药等领域发挥巨大潜力。

---

① 资源来源：中科鑫通多材料光子芯片生产线预计将于 2023 年在北京建成。《北京日报》，2022 年 10 月 18 日。

四、量子计算技术应用及市场潜力

（一）技术应用：赋能多行业多领域发展，在金融领域具有明显先发优势

量子计算作为未来算力跨域式发展的重要探索方向，具备原理上远超经典计算的强大并行计算潜力，有望为人工智能、量化金融、燃料电池、资源勘探、药物设计、信息安全等所需的大规模计算难题提供潜在的解决方案。

量子计算领域，由于运营成本及严苛的使用环境等原因，通过云服务进行量子处理器的接入和量子计算应用的推广成为量子计算算法及应用的主要形式之一。量子计算与经典计算也不是取代和被取代的关系，而是在对计算力要求极高的特定场景中发挥其高速并行计算的独特优势。对于量子计算机将能够解决的所有问题，还没有达成共识，但研究主要集中在制药、化工、汽车、金融、人工智能、航空、能源、供应链、天气预报、基础科学等领域应用探索广泛开展，图 3-12 给出了量子计算应用案例与行业。普遍认为，制药、化工、汽车和金融 4 个行业有望成为"量子优势"的第一批受益者，但真正具备实际社会价值的"杀手级"应用仍未明确。

	优化算法	数据科学/数学建模	量子化学/材料科学
	从众多可行方案中寻找最优解	整理并分析大型数据集的能力	分子、原子及亚原子系统模拟与建模
跨行业	◆ 供应链优化 ◆ 物流优化，车辆路线规划 ◆ 流程规划与优化	◆ 网络风险管理及监测 ◆ 欺诈监测及异常分析 ◆ 先进预测模型	◆ 数据中心能耗减少 ◆ 材料发现
消费	◆ 分销供应链 ◆ 定价及优惠活动优化 ◆ 产品组合优化	◆ 货运量预测 ◆ 应急管理 ◆ 消费产品推荐工具	◆ 量子 LIDAR/传感器改进
自然资源与 工业生产	◆ 加工优化 ◆ 能源分配优化	◆ 地震成像 ◆ 钻探位置监测 ◆ 结构设计及流体力学	◆ 表面活性物质与催化剂发现 ◆ 工艺模拟/优化
金融服务	◆ 金融建模及推荐 ◆ 信贷组建与招募 ◆ 保险定价优化	◆ 信用、资产、金融产品估值 ◆ 投资、产品风险分析 ◆ 交易策略	
政府	◆ 城市规划与应急管理 ◆ 任务分配优化 ◆ 命令后勤	◆ 健康结果预测 ◆ 气候变化模拟 ◆ 天气预报	◆ 先进材料研究
医疗与 生命科学	◆ 医疗/医药供应链 ◆ 改善患者结局 ◆ 蛋白质折叠预测	◆ 诊断加速 ◆ 基因组分析 ◆ 疾病风险预测	◆ 精准医疗 ◆ 蛋白结构预测 ◆ 分子互动模拟
科技、传媒 和电信	◆ 网络优化 ◆ 半导体芯片布局	◆ 电路及系统故障分析	◆ 半导体材料发现 ◆ 材料工艺优化

图 3-12 量子计算应用案例与行业
（来源：德勤分析）

金融领域，美国 IONQ 在其量子计算机上演示了高盛和 QC Ware 最先进的量子算法，有望加快蒙特卡罗模拟的速度；中国本源量子发布量子金融投资组合优化应用，进一步拓宽量子计算在金融领域的使用场景；加拿大量子计算 SaaS 初创公司 Agnostiq 宣布与光量子计算公司 Xanadu 合作，使用先进的计算技术解决金融问题等。2022 年 8 月，Multiverse Computing 推出了最新版本的 Singularity Portfolio Optimization (v1.2)，结合了经典计算和量子计算的优势，利用量子计算进行投资组合优化。表 3-2 给出了全球量子计算金融机构研究项目。11 月 9 日，IBM 量子网络成员 Crédit Mutuel Alliance Fédérale 和 IBM 联合宣布开启一项新的合作，包括探索量子计算在银行和保险用例中的适用性，以及开发验证，并已开始了员工队伍建设。

表 3-2 全球量子计算金融机构研究项目

金融机构	合作机构 / 项目	研究方向
摩根大通	IBM、Chicago Quantum Exchange 等	交易策略、投资组合优化、资产定价和风险分析
BBVA	Multiverse、埃森哲、富士通等	信用评分、套利机会、加速蒙特卡罗模拟
渣打银行	NASA、USRA、Rigetti 等	投资组合优化
巴黎银行	C12 Quantum Electronics	量子加速器、处理器
花旗银行	1QBit、QCWare	交易算法、欺诈检测、优化投资组合和管理风险
富国银行	IBM、麻省理工学院	人工智能、推进量子计算和探索实际应用
巴克莱银行	IBM	优化批量证券交易等
高盛集团	D-Wave、QC Ware	风险评估、模拟定价
澳大利亚联邦银行	Rigetti Computing	投资组合再平衡
德意志交易所	JoS Quantum	量子算法类研究
丰业银行	Xanadu	交易产品组合定价
CaixaBank	IBM	风险评估、机器学习
NatWest	1QBit、富士通	流动资产投资组合

量子计算在金融领域的第一波浪潮将持续到 2024 年前后，图 3-13 为量子金融发展趋势。随着技术的成熟和商业可能性的提高，量子计算惠及的金融机构将迅速增加，在金融领域具有明显的先发优势。

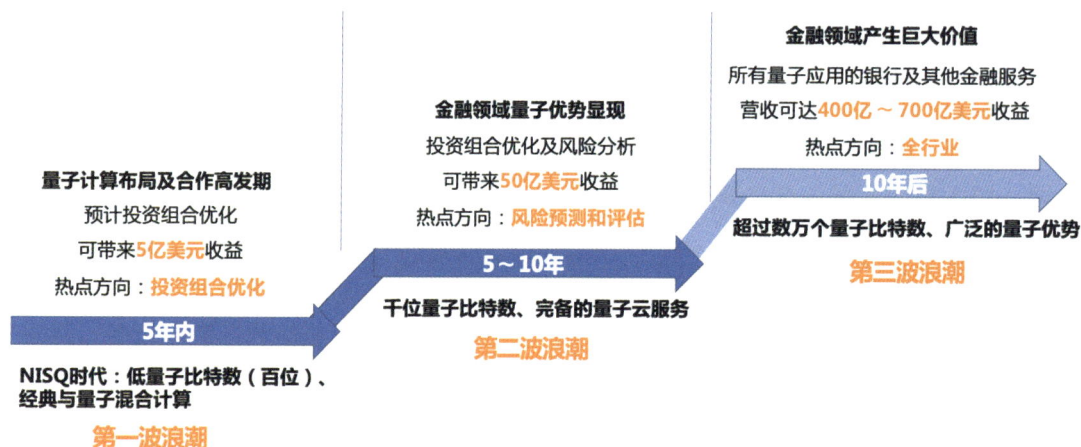

图 3-13　量子金融发展趋势
（来源：波士顿咨询、麦肯锡、IBM、霍尼韦尔、IONQ、NEC、世界经济论坛）

制药领域，2021 年 2 月，美国霍尼韦尔旗下 Quantinuum 与全球制药巨头罗氏（Roche）达成合作，罗氏将使用其量子化学平台，模拟量子尺度的相互作用，研究阿尔茨海默病和其他疾病的新疗法；2021 年 6 月，美国杨森制药与欧洲量子计算软件开发商 Qu&Co 开展一项为期三年的研究合作，开发和测试用于药物研发的新型量子算法和软件等。2022 年 3 月，英国 Siloton 公司使用量子对准技术创造了新一代设备，作为监测老年黄斑变性患者疾病状态服务的一部分。2022 年 9 月，诺和诺德投资 2 亿美元，与哥本哈根大学合作启动了量子计算项目，开发建造第一台用于开发新药的全功能量子计算机，来分析巨大的基因组数据集，增强了对人类微生物群复杂相互作用的认识，或者加速药物发现和新药开发。

汽车领域，量子计算是汽车领域中最有前途的未来技术之一。它在材料研究、复杂的优化问题和未来自动驾驶等方面有着巨大的潜力。例如，德国大众汽车与加拿大量子计算公司 D-Wave 合作发布了一项基于量子计算的交通优化技术；德国启动了为期两年的"QuESt"的项目，德国航空航天中心和弗劳恩霍夫材料力学研究所正在使用量子计算机研究用于更强大电池和燃料电池的新材料；韩国现代汽车与 IONQ 合作开发效率性和稳定性得到提升的新一代电池等，并于 2022 年 4 月开展利用量子机器学习改进在真实世界测试环境中进行道路标志图像分类和模拟等任务。2022 年 3 月，韩国基础科学研究所（IBS）复杂系统理论物理中心的学者们进一步探索了量子电池，并发现了一种设计量子电池的明确方法。使用量子充电将使电动汽车充电加速 200 倍，这意味着家用充电时间将从 10 小时缩短到大约 3 分钟，充电站充电时间将从 30 分钟缩短到 9 秒。4 月，PsiQuantum 联手梅塞德斯 - 奔驰研究量子计算电池设计关于如何在容错量子计算机上模拟锂离子电池（LiB）中的电解质分子的新分析，从而实现汽车制造商为下一代电池设计寻求突破。5 月，中性原子量子处理器的领先制造商 Pasqal 宣布与宝马集团达成一项新的合作，以加强该汽车制造商的主要制造工艺。利用 Pasqal 解决微分方程的算法（其中一个变量的变化不会均匀地影响结果），宝马集团旨在分析量子计算技术在金属成型应用建模中的适用性。9 月，金融量子计算初创公司 Multiverse Computing 加入由雷诺领导的西班牙行业联盟项目，推广电动、自动驾驶和联网汽车，构建西班牙电动和联网汽车的创新工业生态系统。同月，日本的 Q-LEAP 旗舰项目中东京科技大学、矢崎集团（Yazaki Corporation）团队共同开发了新的金刚石量子传感器，可测量大范围的电流，也可以在嘈杂环境中检测毫安级电流，检测精度从 10% 提高到 1% 以内。11 月，IBM 在量子峰会上宣布，全球第一大汽车技术供应商博世（Bosch）正在与 IBM 合作，博世将加入 IBM 量子网络，使用 20 多台 IBM 量子计算机来帮助确定目前用于发动机和燃料电池的金属、稀土元素的替代品[①]。

　　交通领域，2022 年 8 月，玻色量子与千方科技正式达成战略合作，共同推进光量子计算技术在交通运输及交通管理领域的前沿应用研究与实践工作。玻色量子将通过自研的相干量子计算设备和云计算平台聚焦北京城市级智慧交通解决方案，与千方科技一起解决交通时空优化、群智路径计算等问题，探索量子计算优越性在交通场景中的落地应用。

　　化工领域，本源量子推出了量子化学应用 ChemiQ 正式版。ChemiQ 适配量子虚拟机和量子计算机能够可视化构建分子模型、快速模拟基态能量、扫描势能面、研究化学反应，最终以图形形式展示量子计算结果；欧洲量子计算软件开发商 Qu&Co 发布 QUBEC 测试版，是一个专为化学和材料科学设计的量子计算平台，融合了最先进的专有和开源化学算法等。2022 年 8 月，谷歌量子人工智能团队在"悬铃木"量子计算机上成功用 12 量子比特模拟了二氮烯的异构化学反应，这是在量子计算机上首次进行的化学模拟。

（二）市场潜力：量子计算技术处于研发阶段，拥有百亿级市场规模潜力

　　量子计算为经典计算机算力的跃迁带来可能。近年来，虽然基础研究工作取得了一系列重要成果，但是目前量子计算技术仍处于初级阶段，商业化应用还比较少，距离解决工程规模的问题可能还需 5 ～ 10 年，甚至更长时间。随着全球各国政府、学术界、产业界对量子计算的不断投入，必然会助推量子计算在技术和商业应用上取得更快的发展。我们从全球各国政商界对量子计算的投资金额、市场各巨头和初创公司的市值规模、产业链中软硬件等环节产生的附加价值，以及在模拟、优化、人工智能等可能应用类型中的众多行业案例产生的经济效益进行分析预测。据不完全统计，光量子计算领域的公司融资已经突破 10 亿美元，其中包括 PsiQuantum 的 6.65 亿美元和 Xanadu 的 2.5 亿美元，而其他光量子计算公司融资合计至少超过 1 亿美元。预计 2025 年，全球量子计算产业规模约为 27.5 亿美元，随着技术水平不断提升和应用场景不断丰富，预计市场规模将以 30% 左右的增速持续上涨，到 2030 年达到 156.7 亿美元，2035 年有可能达到 538.3 亿美元。未来，如果量子纠错等关键核心技术得到突破，市场规模将实现爆发性增长，为用户释放更大的价值（图 3-14）。

---

　　① https://www.bloomberg.com/news/articles/2022-11-09/quantum-computers-how-bosch-ibm-search-for-electric-car-materials#xj4y7vzkg。

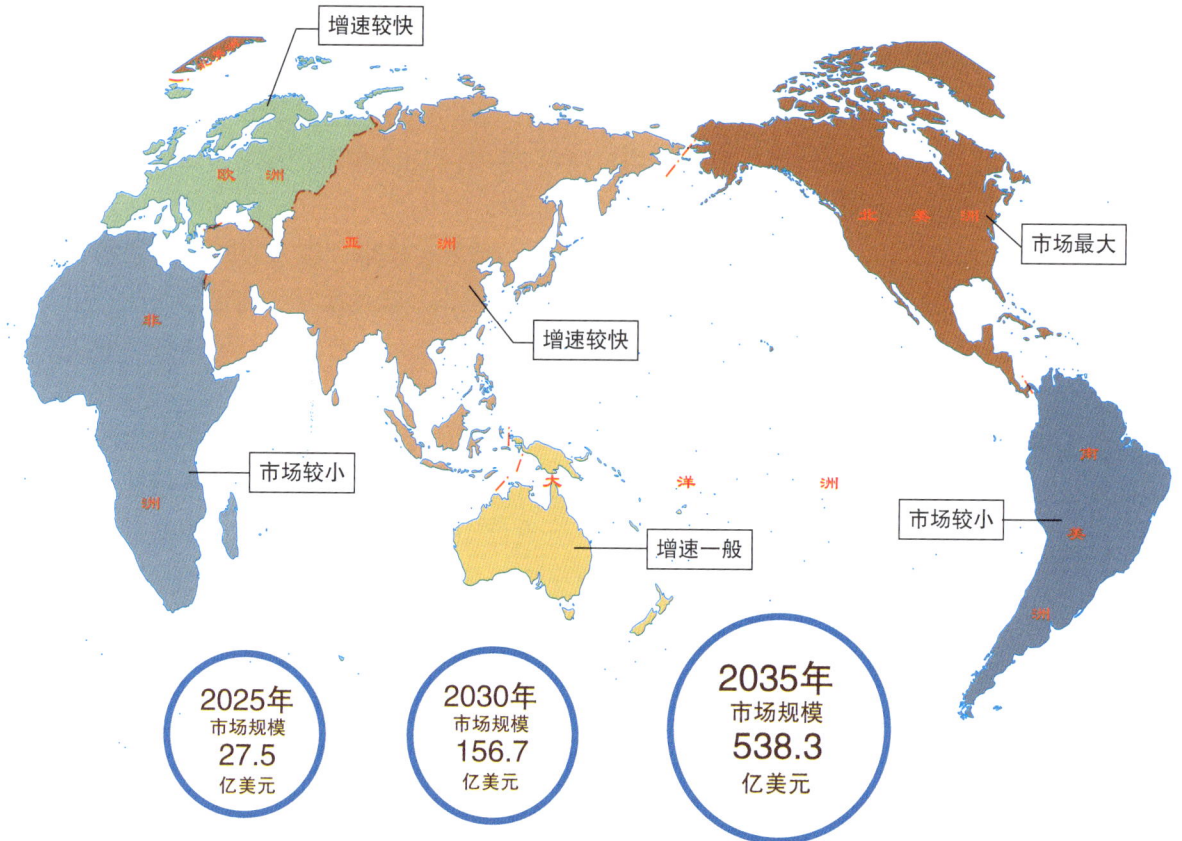

图 3-14 全球量子计算市场规模预测

第四章
2022 年量子通信技术进展与应用分析

一、量子通信技术最新发展情况

量子通信是采用量子相干叠加、量子纠缠效应完成信息传输的一种通信技术，主要包括量子理论和信息理论。从物理学层面出发，量子通信技术是物理极限下采用量子效应实现高性能通信的一种技术，具有物理原理的信息绝对安全性，能够有效解决传统通信技术中无法解决的多项问题。从信息学层面出发，量子通信技术采用量子的不可复制特性和隐性传输特性，通过量子测量方式完成信息传输（图4-1）。量子通信技术中传输的信息不是经典信息，而是量子所携带的量子信息，与传统通信技术相比具有多项优势，标志着未来通信技术全新发展方向[1][2]。

图 4-1　量子通信系统原理
（来源：根据公开资料整理）

量子通信领域的主要研究热点方向包括量子密集编码、量子隐形传态、量子密码等研究分支。量子密集编码技术处于基础研究阶段，实验条件尚不成熟；量子隐形传态技术近期取得突破性进展，但离实用尚有距离；量子密码发展最为成熟，正迅速走向实用化。量子密码也被称为量子保密通信技术，其包含量子密钥分发（QKD）、量子安全直接通信（QSDC）、

---

① 王鹏飞．解读量子通信技术发展现状及应用前景[J]．数字化用户，2019，25（17）：24。
② 黄伟贤，张勇，刘嵩鹤．量子通信技术发展中存在的问题探究[J]．网络安全技术与应用，2022（1）：17–21。

量子秘密共享（QSS）、量子认证（QA）、量子公钥加密（QPKC）等研究方向，其中，QKD 技术的理论和实验发展最完善，是当前最重要、最主流的量子保密通信技术。

（一）量子保密通信技术：核心技术不断深化，研发指标显著提升

近年来，量子保密通信各方向科学研究与实验探索持续活跃，取得了一系列进展和成果。

量子密钥分发（QKD）是利用量子力学特性来保证通信安全性。它使通信双方能够产生并分享一个随机的、安全的密钥，来加密和解密消息。量子密钥分发的一个最重要的、也是最独特的性质是：如果有第三方试图窃听密码，则通信的双方便会察觉。这一性质基于量子力学的基本原理：任何对量子系统的测量都会对系统产生干扰。第三方试图窃听信息，必须用某种方式来测量它，而这些测量就会带来可察觉的异常。通过量子叠加态或量子纠缠态来传输信息，通信系统便可以检测是否存在窃听。当窃听低于一定标准，一个有安全保障的密钥就可以产生了。

研究进展：在量子密钥分发（QKD）方面，东芝首次演示了超过 600 公里的远程光纤量子密钥分发；中国科学技术大学潘建伟团队在 511 公里光纤链路上实现双场量子密钥分发（TF-QKD），并在无可信中继的情况下，连接济南和青岛两城，成为全球首个无可信中继的长距离光纤 QKD 网络；郭光灿团队实现 833 公里无中继光纤量子密钥分发，刷新世界纪录。2022 年 1 月 20 日，中国科学技术大学郭光灿院士领导的中国科学院量子信息重点实验室在量子密钥分发的研究方面取得重要进展，该实验室的韩正甫教授及其合作者王双、银振强、何德勇、陈巍等实现了 833 公里光纤信道量子密钥分发，将安全传输距离的世界纪录提升了 200 余公里，创世界纪录并向实现千公里陆基量子保密通信迈出了重要的一步，相关研究成果于 1 月 17 日在线发表在 *Nature Photonics* 上。2 月 18 日，摩根大通、东芝和美国电信系统供应商 Ciena 成功研发了首个用于区块链任务的 QKD 网络，该网络可以即时检测和防御窃听者，通过 QKD 加密的光通道来部署和保护区块链网络，并提供 800 Gbps 的通道和 2.4 Tbps 的总速度。2 月 23 日，丹麦技术大学（DTU）通过与咨询公司毕马威（KPMG）合作，利用连续变量量子密钥分发（CV-QKD）首次在丹麦丹斯克银行的两台模拟数据中心计算机之间实现数据的量子安全传输，该技术在两地实现安全的对称密钥分发，用以实现数据中心之间的安全通信，这一事件标志着北欧首次在实验室外网络通过量子密钥进行数据安全传输。3 月 30 日，东芝集团、东芝数字解决方案公司（TDSL）和韩国 KT 公司将在韩国合作开展两个量子密钥分发技术（Quantum Key Distribution，QKD）试点项目测试。4 月 24 日，东芝集团和芝加哥量子交易所（CQE）宣布在芝加哥大学和美国能源部阿贡国家实验室之间启动量子密钥分发网络链接，使用东芝的复用 QKD 单元，该链接是正在美国建立的多节点量子网络的一部分。5 月，中国科学技术大学潘建伟、张强等与济南量子技术研究院王向斌、刘洋等合作，实现了一套融合量子密钥分发和光纤振动传感的实验系统，在完成光纤双场量子密钥分发（TF-QKD）的同时，实现了 658 公里远距离光纤传感，定位精度达到 1 公里，大幅突

破了传统光纤振动传感技术距离难以超过 100 公里的限制[1]。8 月 24 日，中国科学技术大学潘建伟团队联合国科大杭州高等研究院院长、中国科学院院士王建宇团队，通过"天宫二号"和 4 个卫星地面站上的紧凑型量子密钥分发终端，实现了空－地量子保密通信网络的实验演示。9 月 23 日，欧洲航天局、德国高级专家组织和欧盟委员会合作，将设计、开发、发射和运营 EAGLE－1——基于卫星的端到端用于安全量子密钥分发的终端系统，实现全欧洲下一代网络安全在轨验证和演示。10 月，国防科技大学计算机学院量子信息研究所兼高性能计算国家重点实验室 QUANTA 团队研究了用于高速量子密钥分发系统中的自差分雪崩光电二极管（SD APD，一种实现高速探测的单光子探测器）在强脉冲光下的行为，发现 SD APD 探测器在现有的实践标准的保护下，有可能被强脉冲光致盲。基于 SD APD 被致盲的原因，团队对实践标准进行了改进——提出了一套保护 SD APD 实际安全性的新型实践标准[2]。同月，中国科学院量子信息与量子科技前沿卓越创新中心、中国科学技术大学微纳研究与制造中心及合肥硅臻芯片技术有限公司合作，针对现有集成 QKD 系统调制器存在的调制相关损耗问题和调制深度不足问题，设计并制备了一种透过率恒定的片上相位调制器。10 月 20 日，中国主导的 ISO／IEC 23837-1《量子密钥分发的安全要求、测试和评估方法　第 1 部分：要求》、ISO／IEC 23837-2《量子密钥分发的安全要求、测试和评估方法　第 2 部分：测试和评估方法》国际标准提案进入国际标准发布阶段。这是首个系统性地规范量子密钥分发（QKD）安全检测技术的国际标准，填补了国际空白，由国盾量子、中国信息安全测评中心联合牵头发起[3]。

量子隐形传态（QT）是扩展量子网络和分布式量子计算的基础。在量子隐形传态中，遥远两地的通信双方首先分享一对纠缠粒子，其中一方将待传输量子态的粒子（一般来说与纠缠粒子无关联）和自己手里的纠缠粒子进行贝尔态分辨，然后将分辨的结果告知对方，对方则根据得到的信息进行相应的幺正操作。纠缠态预先分发、独立量子源干涉和前置反馈是量子隐形传态的 3 个要素。

研究进展：在量子隐形传态（QT）方面，西班牙光子科学研究所展示了生成的纠缠对先驱路径中的损失具有鲁棒性，并展示了具有 62 种时间模式的时间多路复用操作。本项成果实现可扩展到更长距离的纠缠，并为基于固态资源的现场部署、多路复用量子中继器提供了一条可行的途径；中国科学技术大学使用基于稀土离子掺杂晶体的量子存储器，展示了基于吸收型存储器的量子中继器基本环节的完整演示；美国 Qunnect，INC 向布鲁克海文国家实验室出售全球首款商用量子存储器（QM）。2022 年 5 月 25 日，量子技术机构 QuTech [代尔夫特理工大学（TU Delft）和荷兰应用科学研究组织（TNO）的共建单位] 成功地通过一个基本网络隐形传态量子信息，这一突破是通过大大改进的量子存储器和提高网络中 3 个节点之间的量子链路质量而实现的。这一研究成果发表在 *Nature* 上。

---

① 中国科学报。

② https：//journals.aps.org/pra/abstract/10.1103/PhysRevA.106.033713。

③ 全国信息安全标准化技术委员会．https：//www.tc260.org.cn/front/postDetail.html？id=20200506164716。

量子直接通信原理是量子直接通信方案将信息加载于量子态，并直接在量子信道进行传输，不依赖加解密算法及密钥分发。该方案依靠量子不可克隆性、量子测量塌缩等量子原理感知和阻止窃听，保证信息传输安全，即当有人窃听时，量子态会被破坏，从而使窃听方收不到任何信息，即使其拥有强大的计算能力，也无法破译。量子直接通信一改经典保密通信中的双信道结构，使用仅包含量子通信的单信道结构，简化了有可能导致信息泄露的环节，提高了数据传输的安全等级。

研究进展：在量子安全直接通信（QSDC）方面，我国研究人员首次实现通信距离达到 100 公里的量子直接通信实验系统，是截至 2022 年世界上最长的量子直接通信距离，有助于实现无中继条件下城际量子直接通信；我国学者利用量子安全直接通信原理，首次实现了网络中 15 个用户之间的安全通信，传输距离达 40 公里，这为未来基于卫星量子通信网络和全球量子通信网络奠定了基础。2022 年 2 月 10 日，SpeQtral 宣布 SpeQtral-1 量子卫星用于超安全通信任务。4 月 13 日，北京量子信息科学研究院科研副院长、清华大学理学院物理系教授龙桂鲁团队与清华大学电子工程系教授陆建华团队合作设计了一种相位量子态与时间戳量子态混合编码的量子直接通信新系统，成功实现 100 公里的量子直接通信。这是至今世界上最长的量子直接通信距离，创造量子直接通信最远纪录。4 月 27 日，英国电信（BT）和东芝集团（Toshiba）试用首个商用量子安全网络推动英国量子战略发展。英国电信和东芝集团与安永公司一起推出了世界上首个商业量子安全地铁网络的试验设施。该基础设施将连接整个伦敦的众多客户，帮助他们使用量子密钥分发在标准光纤连接的多个物理位置之间安全传输宝贵的数据和信息。

量子直接通信于 2000 年由中国学者原创提出，经过 22 年的学术与业界研究，至今已有 40 多个国家和地区的近千名科研人员针对量子直接通信研发了多种理论协议及应用。当前量子直接通信已经逐渐为通信界所接受。近年来，量子直接通信由理论走向实用化的过程中不断突破了多个技术难点，包括定量安全分析、高损信道编码、量子存储替代、容量增大技术，克服了损耗和噪声干扰等困难，提升了通信速率[①]。量子直接通信技术已具备向实用化发展的核心技术基础。

量子随机数发生器（QRNG）原理是量子的随机性，即一个量子经过一段时间演化后的状态无法精确预测，与任何外部因素无关，因此基于量子的随机性产生的随机数是完全随机的，具备较传统随机数生成方式更高的安全性。量子随机数发生器是基于量子物理原理产生真随机数的系统，具备不可预测性、不可重复性等特点，属于量子通信系统中的核心元器件，在实用化量子密码系统等对随机性质量和安全性要求较高的领域具有重要的应用。

研究进展：近年来，基于量子随机数发生器的量子加密应用成为该领域关注与探索的新方向。早期的量子随机数发生器利用单光子路径选择方案，比特率仅约为 4 Mbps。为了获得高比特率的量子随机数，近年来科学家不断寻求突破。中国科学家实现迄今最快的实时量子随机数发生器，速率达 18.8Gbps；新加坡南洋理工大学等联合团队，开发了一种只需大约 12 秒即

---

① 吴永飞，龙桂鲁，伊亮，等 . 量子直接通信在银行业务中的应用 [J]. 银行家，2022（6）：72-74。

可生成一个随机数主体，该主体包含的信息量相当于美国国会图书馆的信息量。2022 年 4 月，SK 电信（SK Telecom）推出 Galaxy Quantum 3 智能手机，这是世界上第一款配备量子随机数发生器（QRNG）芯片的手机。SK 电信与三星电子共同开发了这款新手机。这是三星电子的第三款基于量子安全技术的智能手机。4 月 27 日，澳大利亚国立大学（ANU）宣布，ANU 量子数（AQN）在线随机数生成器已在亚马逊云科技（AWS）Marketplace 上推出，以扩大服务规模，并使其适用于超过 31 万名活跃的 AWS 客户。

综上所述，我国率先在量子通信领域开展了全球广域量子通信的技术验证与应用示范，网络技术已初步满足实用性要求，核心器件的国产化和设备的小型化已初步实现，具备了在关键部门先行先试的条件。对比欧美国家和地区公开的相关战略愿景，我国整体领先 3～5 年。在基础研究方面，美国、欧洲、日本、中国等国家和地区表现强劲，多次刷新实验纪录，且不论从指标还是数量，我国处于国际最前沿水平。在支撑技术和设备方面，我国主要部件可实现自主可控。量子密钥分发系统主要由光源、信道和探测器组成，我国均可以实现自主可控的生产。下一步量子密钥分发系统将朝着小型化、集成化方向进一步发展，电子学板卡级系统朝电子集成芯片、分立光学组部件朝光学集成芯片发展是一条必由之路。电子集成芯片化可借助国内外集成电路行业实现，相对成熟。光学集成芯片主要有Ⅲ－Ⅴ族路径和硅光子学路径两个方面，也是光通信行业集成化的国际研究热点。单光子探测器是量子通信系统及其他量子技术应用的核心设备。我国在半导体量子点光源器件的研究上要晚于欧美等发达国家，现有的半导体量子点单光子源的综合性能虽已达到国际领先水平，但由于全固态量子点光源器件的研发严重依赖高质量量子点样品的分子束外延生长工艺，我国在全固态半导体量子点纠缠光子源、量子点光学调控技术及片上集成量子点光源器件的研究上尚处于整体落后状态。

（二）公钥密码体系发展：QKD 不是唯一方案，PQC 或将带来竞争

根据中国信息通信研究院研究发现，量子计算可能引发的信息安全风险包括两个方面：一是破坏性风险，量子计算将绕开现有的加密体系，寻找漏洞和后门的迂回攻击模式，升级演变为针对加密体系和密钥进行暴力计算破解的直接攻击模式，将对通信信息安全造成基础性破坏；二是追溯性风险，对于长期安全性防护的敏感信息，如解密期限长达数十年的外交军事情报等，可能出现加密信息已被截获存储，虽暂时无法破解，但在量子计算技术发展成熟后，从而产生信息破解泄露的风险。为应对量子计算带来的通信安全风险，欧美密码学界提出后量子计算破解加密（PQC）算法，目标是开发面对量子计算和经典计算均能够保证加密安全性的新一代公钥密码体系。美国的国家安全局、美国国家标准与技术研究院（NIST）正在筛选这种算法并将其标准化。表 4-1 为经典密码、QKD、PQC 的参数对比。

表 4-1　经典密码、QKD、PQC 的参数对比

保密类型	技术基础	专用设备	出发点	关注点	安全性	现存问题
经典密码	数学原理	无须专用硬件设备	解析教学难题	密钥的保密性	不能抵御量子计算机攻击	不能抵御量子计算机攻击
QKD	物理原理	需专用硬件设备	一次一密加密体制	解决密钥分配问题	量子环境下，理论绝对安全	成本高、有硬件要求、应用场景有限
PQC	数学原理	无须专用硬件设备	解析教学难题	非对称密码系统	量子环境下，理论绝对安全	未经过充分验证

来源：光子盒。

后量子密码是能够抵抗量子计算机对现有密码算法攻击的新一代密码算法。"后"是因为量子计算机的出现，现有的绝大多数公钥密码算法（RSA、Diffie-Hellman、椭圆曲线等）能被足够大和稳定的量子计算机攻破，所以能抵抗这种攻击的密码算法可在量子计算和其之后时代存活下来，被称为后量子密码或抗量子密码。

专栏 4-1

后量子密码算法的 4 种主要途径

① 基于哈希（Hash-based）：最早出现于 1979 年，主要用于构造数字签名。代表算法有 Merkle 哈希树签名、XMSS、Lamport 签名等。

② 基于编码（Code-based）：最早出现于 1978 年，主要用于构造加密算法。代表算法有 McEliece。

③ 基于多变量（Multivariate-based）：最早出现于 1988 年，主要用于构造数字签名、加密、密钥交换等。代表算法有 HFE（Hidden Field Equations）、Rainbow [Unbalanced Oil and Vinegar（UOV）方法]、HFEv- 等。

④ 基于格（Lattice-based）：最早出现于 1996 年，主要用于构造加密、数字签名、密钥交换，以及众多高级密码学应用，如属性加密（Attribute-based Encryption）、陷门函数（Trapdoor Functions）、伪随机函数（Pseudorandom Functions）、同态加密（Homomorphic Encryption）等。代表算法有 NTRU 系列、NewHope（Google 测试过的）、一系列同态加密算法（BGV、GSW、FV 等）。

研究进展：2022 年 3 月 3 日，北约网络安全中心（NCSC）使用英国公司 Post-Quantum 提供的虚拟专用网络（VPN）成功测试了后量子世界的安全通信流。4 月 21 日，LG Uplus 推出了韩国首个后量子密码学商业服务，该服务可以抵御来自量子计算机的黑客攻击。移动运营商会为每个客户群定制独有的应用服务，并将其扩展到各个领域。4 月 24 日，韩国移动运营商 LG Uplus（LG U+）推出了韩国首个后（抗）量子密码（PQC）商业服务，可以防御对量

子计算机的黑客攻击。这也是世界上第一个后量子密码专线服务。7 月 6 日，美国 NIST 发布首批 4 种后量子密码算法。美国国家标准与技术研究院（NIST）选择了第一批旨在抵御未来量子计算机攻击的加密算法，这些算法被设计成能够抵御未来量子计算机的攻击，这种攻击可能会破解用于保护隐私的密码安全，如网上银行和电子邮件等软件。7 月，美国国家标准与技术研究所（NIST）正式宣布了 NIST 后量子密码术（PQC）比赛第三轮的标准化算法，这一举措具有里程碑意义。7 月 12 日，Crypto Quantique 推出首个符合 NIST 标准的新后量子计算物联网平台。9 月 21 日，Quantropi, Inc. 推出最新的量子安全加密产品——MASQ^{TM}，该产品目前可通过这家加拿大初创公司的旗舰 QiSpace^{TM} 混合 SaaS 平台进行商业使用。MASQ^{TM} 为密钥交换（KEM）和数字签名（DS）提供了新颖的 PQC 算法，并推出用于物联网和嵌入式空间的 QiSpace^{TM}，所有 TrUE 量子安全加密产品现已在市场领先的微控制器单元（MCU）上市。

近期，欧美多家研究机构和政府部门公开发布了关于 QKD 技术特性、问题瓶颈、应用场景和发展前景的研究分析和观点立场，QKD 和 PQC 各有利弊，发展均尚不成熟，出现了不同的理解和观点，应用建议也是见仁见智，主流观点普遍支持 PQC 是未来公钥密码体系升级演进的主流技术。截至 2022 年，PQC 标准化以美国为主导者，欧洲为主要推动者。近年来，我国学者在国际上率先完成 QKD 和 PQC 的融合应用。我国后量子密码技术的研究着眼于国际水平，向国际先进技术迈进。从世界各国政府对该领域的投入与支持力度看，研究后量子密码的重要性不言而喻。我国还需进一步加强 PQC 技术和标准研究，争取与国际同步推出可自主可控的 PQC 算法、标准和应用产品，针对核心密码、普通密码和商用密码在不同领域面临风险和应用需求，制定分级应对策略，及时部署和推进公钥密码体系的 PQC 升级。

（三）量子通信网络建设：网络建设规模扩大，全球加快开展布局

量子通信网络是一种采用量子通信系统的网络，量子通信网络由众多分离的节点组成，量子信息就存储在这些节点中。量子通信网络在节点处，代表量子信息的单元——量子比特可以被局域操纵。这些节点将量子信息通道连接起来，形成量子通信网络。在网络内部，信息的交换可以通过传递量子比特来实现。在实际的物理系统中，实现量子通信网络，需要以被束缚的离子或原子作为节点，而量子通道则由光纤或者类似的光子"线路"来实现。量子通信网络具有安全性、多端分布计算、降低通信复杂性等优点（图 4-2）。

研究进展：量子通信网络建设已经成为全球竞争焦点，许多国家和地区都在量子通信网络建设方面出台相关发展规划。中国墨子号卫星、"京沪干线"等前期成果，以及近年来在量子通信领域不断创新的研究成果，为中国量子通信网络实现更大规模的建设打下了坚实基础，中国量子通信网络的研究与发展已经处于国际先进水平，最具代表性的是基于量子保密通信"京沪干线"与"墨子号"量子科学实验卫星。中国构建了世界首个天地一体的广域量子通信网络，实现地面跨度 4600 公里、天地一体的大范围、多用户量子密钥分发，证明广域量子通信技术实际应用已经初步成熟（图 4-2）。2020 年，美国"量子互联网发展的战略蓝图"提出；未来 5 年内，美国的公司和实验室将论证实现量子网络的基础科学和关键技术；未来 20 年内，量子互联网链路将利用网络化量子设备实现经典技术无法实现的新功能。2021 年，欧盟委员会

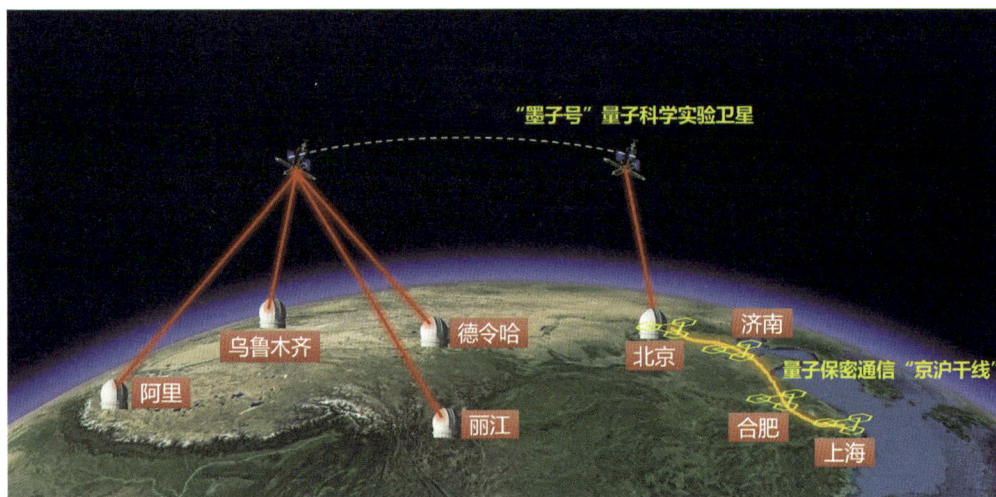

图 4-2 我国广域量子通信网络

宣布 27 个欧盟成员国已经承诺选择了一个由多家公司和研究机构组成的财团，研究未来欧洲量子通信网络量子通信基础设施（EuroQCI）的设计，它将实现欧盟关键基础设施和政府机构之间的超安全通信。2021 年，俄罗斯政府宣布预计在 10～15 年，俄罗斯量子通信网络实现商业运营，目前原型系统已经投入使用。2022 年，韩国称成功将量子密码技术应用于国家基础通信网络，这也是世界上将量子密码技术应用于国家通信网络的首次尝试，该技术将为国家机密事项和个人信息等提供保护。除此之外，日本、荷兰、意大利、英国等国家都加速了量子通信网络布局，为即将到来的量子网络时代未雨绸缪。

2022 年 2 月 21 日，新加坡建立国家量子安全网络，新加坡的量子工程计划（QEP）将开始在全国范围内对量子安全通信技术进行试验，该工程计划承诺为关键基础设施和处理敏感数据的公司提供强大的网络安全性。3 月 24 日，日内瓦大学（UNIGE）的一个团队创造了一项世界纪录，通过设法将一个量子比特存储在晶体（"存储器"）中长达 20 毫秒，并向长距离量子通信网络的发展迈出了重要一步。5 月 5 日，中国科学技术大学教授潘建伟及其同事彭承志、陈宇翱、印娟等利用"墨子号"量子科学实验卫星在远距离的量子态传输方面取得重要实验进展。该实验刷新世界纪录，首次实现了地球上相距 1200 公里两个地面站之间的量子态远程传输，并向构建全球化量子信息处理和量子通信网络迈出重要一步。5 月 20 日，美国能源部布鲁克海文国家实验室推出了一个新的量子网络设施，将为来自美国和世界各地的科学家提供服务。5 月 25 日，美国空军正开发世界第一个基于无人机的量子网络。6 月 27 日，美国能源部下属费米实验室和阿贡国家实验室联合宣布，伊利诺伊快速量子网络（IEQNET）的一个研究团队已经成功在两个国家实验室间使用本地光纤部署了一个长距离量子网络。研究人员首次在同一根光纤上同时传递量子信号和经典时钟信号并实现高精度时钟同步，展示了经典信号与量子信号的共存能力。该网络的同步非常精确：位于两地的时钟仅有 5 皮秒（1 皮秒是 1/1 万亿秒）的时间差。7 月 27 日，由合肥国家实验室、中国科学技术大学、中国科学院上海技术物理研究所、中国科学院上海微小卫星创新研究院、济南量子技术研究院等联合研制的世界首颗量子微纳卫星在酒泉卫星发射中心搭载"力箭一号"运载火箭成功发射。该卫星的科学目标是在世界上首次实现基于微纳卫星和小型化地面站之间的实时星地量子密钥分发，为构建低成本、实用化的天地一体化广域量子保密通信网络奠定基础。10 月，美国量子网络公司 Aliro Quantum 宣布推出 AliroNet——全球第一个全栈端到端、基于纠缠的量子网络解决方案。这种统一的解决方案，用于模拟基于纠缠的量子网络，实施小规模试点，并部署基于全规模通用纠缠的量子网络。同月，维也纳量子光学和量子信息研究所的研究人员成功在奥地利到斯洛伐克 248 公里的跨国电信光纤中直接分发偏振纠缠的光子对，这是迄今为止基于真实世界光纤的纠缠分发的最长距离。11 月，哈佛和 AWS 科学家的联合团队使用领先的量子存储平台——金刚石晶体中的硅空位，发现了如何降低与温度相关的退相干性。团队还展示了硅空位电子量子比特和在硅核自旋中编码的量子比特之间的量子门，它对环境噪声不太敏感。利用这些相互作用，展示了光子、电子量子比特和核量子比特之间的高保真信息交换。实验结果表明，硅空位具有一次存储和处理多个量子比特的能力，这是可扩展量子网络的关键要求之一。这些进步为广泛部署可靠的量子中继器铺平了道路，这将实现防窃听通信和对量子计算机的私人访问，此研究降低了成本和提高了量子通信网络的这一基本组成部分的可靠性[1]。

　　量子保密通信网络核心设备包括 QKD 产品、信道与密钥组网交换产品等。截至 2022 年能够实现的量子保密通信网络，包括局域网、城域网和骨干网。其中局域网实现一个单位或一处地点内多个终端的接入，对距离要求不高；城域网负责城市范围内不同区域的连接，上联骨干网，下联局域网；而骨干网实现跨省、跨城的连接（包括地面光纤和卫星－地面站两种实现方式），现阶段以地面光纤为主，对距离要求高。截至 2022 年，我国已经建成的量子通信网络规模在全球处于领先水平。

专栏 4-2

世界首颗量子微纳卫星——"济南一号"

　　2022 年 7 月 27 日 12 时 12 分，世界首颗量子微纳卫星"济南一号"在酒泉卫星发射中心搭载"力箭一号"运载火箭成功发射。"济南一号"量子微纳卫星的成功研制，将使我国在世界上首次实现基于微纳卫星和小型化地面站之间的实时星地量子密钥分发，为构建低成本、实用化的天地一体化量子保密通信网络奠定基础。

　　"济南一号"量子微纳卫星由合肥国家实验室牵头，中国科学技术大学、济南量子技术研究院、中国科学院微小卫星创新研究院、上海技术物理所等单位合作研制。济南量子技术研究院负责组织地面应用系统研制，作为用户总体开展量子密钥分发应用技术验证。"济南一号"量子微纳卫星的成功发射和在轨运行，后续将在济南通过小型化卫星地面站开展商用化广域量子通信网络应用示范，将助力我国扩大在空间量子通信领域的国际领先地位，实现国家信息安全和信息技术水平跨越式提升。

　　来源：济南市科学技术局。

---

① https://www.science.org/doi/10.1126/science.add9771。

二、量子通信技术专利分析

1. 量子通信专利趋势

对图 4-3 进行分析，可以看出，2011 年以前，量子通信专利申请趋势较为平缓，2012 年后开始提升速度，2017 年量子通信专利更是出现了翻番增长，到 2019 年量子通信专利申请趋势在高位持平。

图 4-3　2003—2022 年量子通信专利申请趋势（截至 2022 年 7 月）

2. 量子通信专利技术来源国趋势

将量子通信领域的专利从专利申请人所属国家地区及组织来划分，并绘制申请趋势如图 4-4 所示。

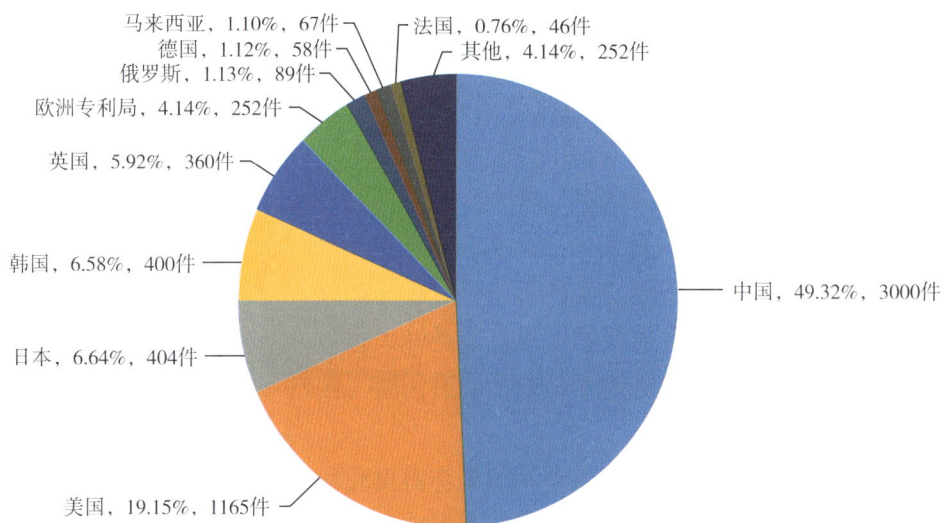

图 4-4　量子通信技术各国申请量及趋势（2013—2022 年）

对图 4–4 进行分析，中国专利族的数量排在第 1 位，共申请专利 3000 件，占全球近 50% 的比例；美国 1165 件，排在第 2 位；日本 404 件，排在第 3 位。此外，韩国、英国等在量子通信领域专利申请数量排名较靠前，具有一定实力。

3. 量子通信专利申请人技术领域趋势

根据各技术分支专利申请量，挑选出十大技术领域领军企业，绘制成量子通信专利申请人技术领域趋势，如图 4–5 所示。

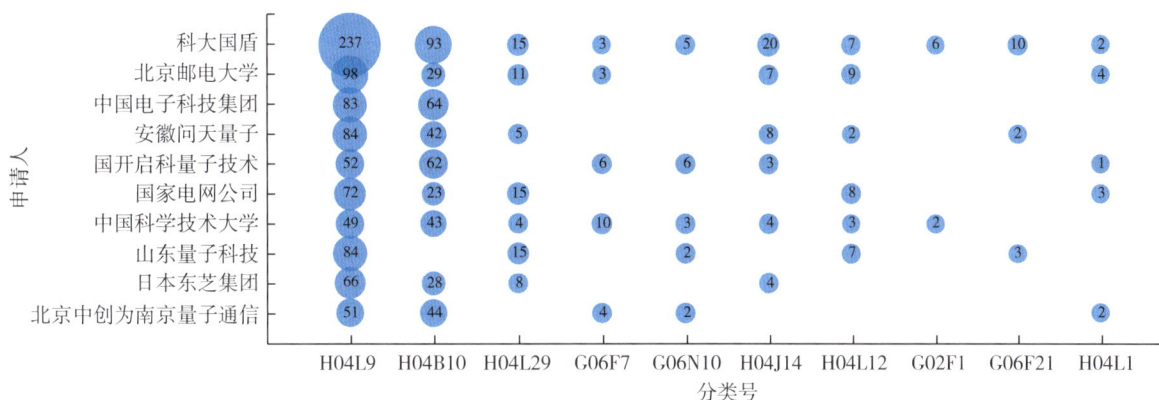

图 4–5　量子通信专利申请人技术领域趋势（截至 2022 年 7 月）

由图 4–5 量子通信十大技术领域申请人可知，除日本东芝集团，其余技术分支领军者均为我国企业及高校。同时我国十大技术领域申请人中包含 2 所高校、1 家科研机构和 6 家企业，这说明我国在量子通信技术领域产学研结合较强，学术成果转化较好，科技前沿已实现由企业主导。

4. 量子通信专利旭日图

根据量子通信领域专利申请热点绘制旭日图，如图 4–6 所示。

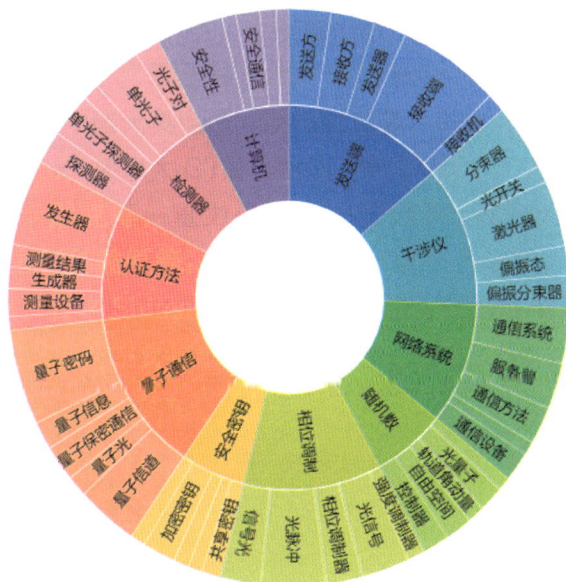

图 4–6　量子通信领域专利申请热点旭日图（截至 2022 年 7 月）

从图 4-6 可以看出各技术领域内详细的技术焦点。整体来看，量子通信技术全面、成熟，各技术领域热度较为均衡，说明量子通信技术已进入成熟的成果产出阶段。

三、量子通信技术产业及生态发展

（一）政府布局

其在安全、高效和抗干扰等方面突破经典信息技术瓶颈，量子通信作为世界上主要发达国家优先发展的科技高地，在支撑国民经济可持续发展和保障国家战略中发挥重大作用。各国争相投入大量资源开展研究。

美国对量子通信的理论和实验研究起步较早，20 世纪末就将量子通信列入国防安全研发计划，同时美国国家标准与技术研究院将量子信息作为 3 个重点研究方向之一。在大量科研资源与研发力量投入的情况下，美国主要研究基于量子通信技术的量子互联网，并取得了一系列突破。近年来，随着后量子密码学兴起，美国政府及产业界信息系统正在向后量子密码方向迁移。欧洲早在 20 世纪 90 年代，就意识到量子信息处理和通信技术的巨大潜力，从欧盟第五个研发框架计划开始，就持续对泛欧洲乃至全球的量子通信研究给予重点支持，在理论研究和实验技术上均取得了重大突破，涉及领域包括量子密码通信、量子隐形传态和量子密集编码等。欧洲主要集中在量子隐形传态、量子密钥分发和量子中继技术，欧洲空间局主要集中在星地之间自由空间量子通信技术。与此同时，还专门成立了包括英国、法国、德国、意大利、奥地利和西班牙等国在内的量子信息物理学研究网。在量子信息物理学研究网的框架下，这几个国家的科学家曾连续创造了量子密钥分发、量子密码通信、太空绝密传输量子信息及量子信息存储等一系列的根本性突破。日本对量子通信技术的研究晚于欧洲和美国，日本防卫省将量子通信列为未来的技术储备。其主要研究极限容量广域光纤与自由空间量子保密通信网络，其相关研究发展也比较迅速。

相对欧洲、美国和日本，中国量子通信技术的研究起步相对较晚，但国家给予量子通信高度的关注和推动，并带动地方政府一道出台一系列政策支持量子通信技术发展和开展量子保密通信网络的建设。近年来，我国在量子通信产业化及相关应用技术方面，发展速度迅猛，取得了许多重大突破，成果卓越，已走在了世界前沿。中国的相关研究主要是全量子网络、自由空间的量子通信技术及量子通信卫星计划。量子通信这种高端前沿科技，全球范围内正展开着一场颇为激烈的争夺赛。除此之外，韩国、俄罗斯、以色列、澳大利亚等国也都在从战略层面上积极布局量子通信产业，投入大量人力、物力、财力，设立专项基金和建立研究中心，致力于量子通信理论和实验研究。

（二）科研机构布局

我国科研机构在量子保密通信的研究上领先于美国。我国主要的量子通信研究机构有中国科学技术大学、济南量子技术研究院、上海交通大学、山西大学、国防科技大学、国盾量子、问天量子、国科量子、循态量子等，国外主要的量子通信研究机构有英国布里斯托大学、美国芝加哥大学、阿贡国家实验室等。

在新兴的超导纳米线单光子探测器（SNSPD）研发中，国际上 SNSPD 领域研究著名机构包括美国的 MIT、JPL、NIST，日本的 NICT，俄罗斯的 MSPU 等。我国在 SNSPD 核心器件研发方面的主要单位有上海微系统与信息技术研究所和南京大学等。我国当前在 SNSPD 领域关键技术指标上已达到国际领先水平。

近红外波段的半导体单光子探测器元器件研发，欧美英日等发达国家的多个研究机构都在从事相关研究。国际上知名的研究机构包括意大利的米兰理工大学、美国的弗吉尼亚大学、瑞士的日内瓦大学等。中国科学技术大学和中国电子科技集团公司第四十四研究所是国内最具有优势的研究单位。

硅单光子探测器研发，中国科技大学在淬灭电子学系统设计方面具有显著优势；在硅单光子探测器元器件制备方面，国内有北京邮电大学等单位在开展相关研发。

（三）企业布局

量子通信相关企业是推动量子通信技术更新及产业化的主力军。量子通信企业主导量子网络建设，为政务、金融、电力等行业提供量子安全组网及应用解决方案，加快市场拓展和商业化应用，推动量子通信的产业化。量子通信行业具有较高的技术及人才壁垒，目前行业竞争者数量较少，市场上较为活跃的公司集中在美国、中国、英国、加拿大、法国、德国、荷兰、瑞士、澳大利亚、印度等国家。在量子通信领域，初创企业在全球范围内崛起，美国排在第 1 位，中国排在第 2 位（表 4-2）。

表 4-2　各国具有一定规模的量子通信公司数量　　　　　　　　单位：家

国家	2021 年	2015 年
美国	19	5
中国	16	6
英国	15	4
加拿大	8	3
法国	4	1
德国	3	1
荷兰	3	1
瑞士	3	2
澳大利亚	2	1
印度	2	0

来源：麦肯锡研究报告《量子技术监测》。

量子通信领域代表公司美国有 MagiQ、NuCrypt，英国有 KETS、Arqit，瑞士有 ABB、

IDQ、俄罗斯有 Qrate、TransTeleCom，韩国有 KT、SKT，日本有 NTT、Toshiba，西班牙有 Sateliot，意大利有 ICT，法国有 Thales，等等。尽管量子通信产业仍处在发展相对应用的早期阶段，但是中国量子通信产业链已日趋完善。量子通信的元器件供应商和核心设备制造商且已基本实现自主可控。截至 2022 年，国内主要供应商有科大国盾、问天量子、中创为量子、启科量子、赋同量子等；国内主要涉及量子通信网络的传输层和平台层的单位有国科量子、科大国盾、中国移动、中国电信、中国联通等；国内主要涉及量子通信行业应用的单位有科大国盾、国科量子、中国电信、易科腾、神州信息等（图 4-7）。

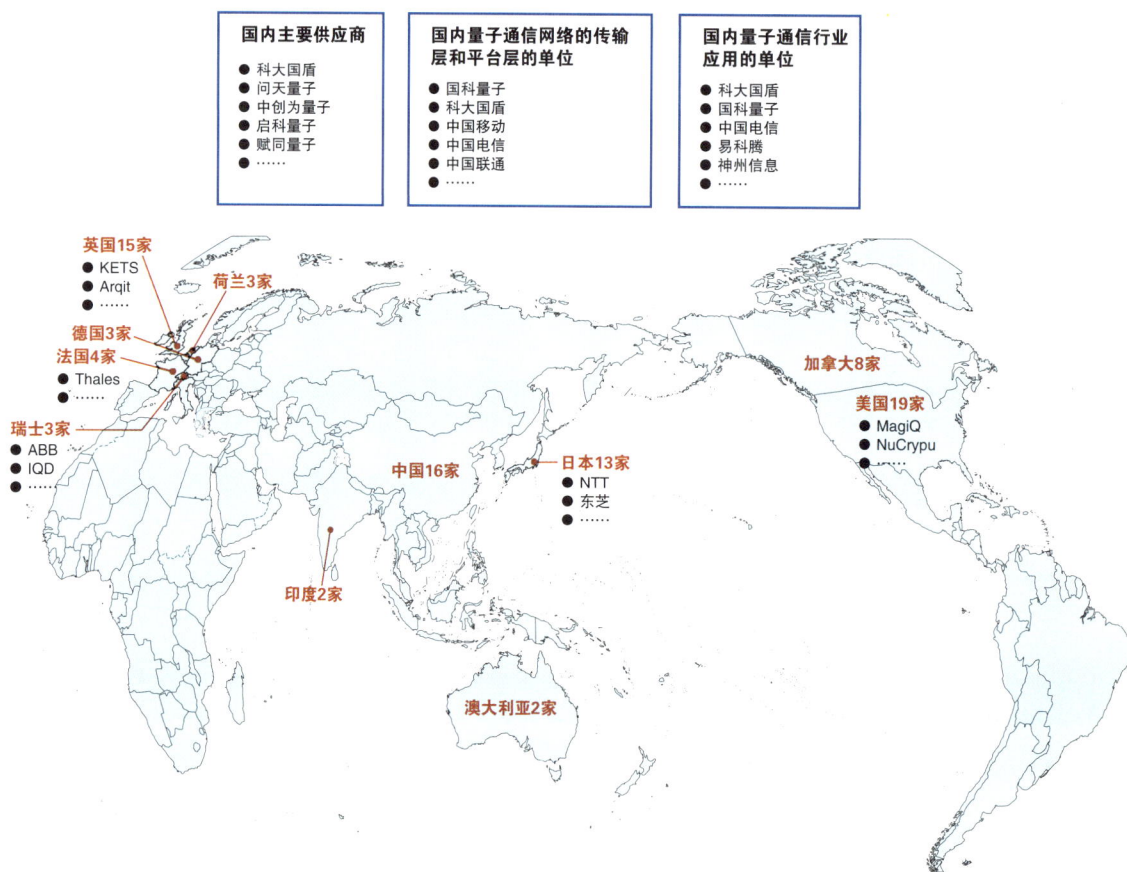

图 4-7　各国具有一定规模的量子通信公司分布

专栏 4-3

量子通信巨头公司——东芝

东芝（Toshiba）是日本的强势量子技术企业，其专利数量在全球企业中名列前茅，在量子通信领域深耕多年，拥有一整套完整的量子通信体系。东芝于 2003 年在欧洲研究所下属的剑桥研究实验室开启量子密码学研究。近 20 年发展中，东芝的多项量子通信领域技术引领全球。2004 年，率先实现 100 公里光纤量子密钥分发；2010 年，实现 1 Mbit/s 以上的密钥分发速度；2017 年，实现了 10 Mbit/s 以上的密钥分发速度。

2021 年 6 月，东芝宣布，首次在长度超过 600 公里的光纤上进行量子通信演示。2022 年 6 月，东芝宣布通过微软的全栈开放云量子计算生态系统 Azure Quantum 提供 SQBM+ 云服务。SQBM 是 "Simulated Quantum-inspired Bifurcation Machine" 的首字母缩写，即模拟量子启发分岔机。9 月，东芝宣布在量子计算机架构方面取得重大突破，实现了世界上第一个可以完全关闭耦合并高速操作双量子比特门的可调谐耦合器，提高了量子计算的速度和准确性。实验表明，实现了双量子比特门精度为 99.99%，处理时间仅为 24 ns。在产品方面，东芝拥有两种型号的 QKD 系统：一种是共享型，共享一根光纤进行数据通信；另一种是远程型，可以将密钥分发的速度和距离最大化。

专栏 4-4

量子通信公司——国盾量子

科大国盾量子技术股份有限公司（简称"国盾量子"）生产的量子保密通信产品主要包括量子保密通信网络核心设备、量子安全应用产品、核心组件及管理与控制软件四大门类，其中，量子保密通信网络核心设备主要包括 QKD 产品和信道与密钥组网交换产品，用于建立量子密钥分发链路，实现建链控制、链路汇接、链路切换、多链路共纤及密钥多路由交换和管理，形成远距离覆盖、多链路组网的能力，并为全网终端按需提供量子密钥。

国盾量子先后承建了合肥城域量子通信试验示范网、新华社金融信息量子通信验证网、国家某重大活动通信保障量子安全网络及济南量子通信试验网等，国盾量子的产品和解决方案还支撑了"京沪干线"的建设；同时，国盾量子正在全国多个城市和地区建设不同规模的量子保密通信网络和骨干线路，服务于政务、金融、能源等重要领域。

国盾量子产品历经长时间工程验证，具有坚实的可靠性与稳定性，部署在国家量子保密通信"京沪干线"全长 2000 余公里的线路上，以及国家某核心部门、中国人民银行、中国工商银行、中国农业银行、中国银行、建设银行、光大银行、北京农商行、合肥政务网、济南城域网、阿里云等众多现场的产品为用户成功提供量子保密通信服务。

（四）产业链全景

量子通信领域较量子计算产化进程较快，量子保密通信产业仍处在应用的早期，但诸多方面尚未定型。截至 2022 年，量子通信产品主要集中在相关核心设备领域，包括量子光源、单光子探测器、QKD 设备、量子路由器、量子交换机、量子随机数发生器、量子卫星地面站等硬件设备，这些硬件设备是支撑量子通信的基石。除此之外，随着量子技术的不断发展，相关量子通信产品已逐渐走向普通消费者，特别是移动加密应用产品，如量子安全服务移动平台、量子安全 U 盾、量子安全加密卡、量子密钥充注机、量子安全手机等，量子通信产业链如图 4-8 所示。

图 4-8　量子通信产业链

　　上游主要是基础元器件和核心设备。基础元器件光纤光缆、信号处理芯片、雪崩光电二极管等。核心设备包括量子制备、存储、交换等设备，具体包括量子密钥分发器、量子交换机、量子随机数发生器、量子点激光器、量子路由器、光量子探测仪等，核心设备与解决防范提供环节是整个量子通信产业链的核心环节；元器件及各类核心设备是支撑起量子通信的技术和硬件基础。与欧美发达国家相比我国存在先天的发展弱势，国内能够提供核心设备的公司并不多，呈现寡头格局，主要包括国盾量子、国腾量子、启科量子、问天量子和九州量子等，此外，量子保密通信还会用到经典通道，因此亨通光电、华工科技等传统通信设备商也在产业链中。国外厂商主要包括瑞士的 IDQ 公司、美国的 Bennet 公司等。

　　中游主要是量子通信网络的传输层和平台层。传输层为量子通信网络传输干线，是实现远程量子通信及量子网络的传输渠道。国内量子保密通信网络的建设包括了 3 个层级：国家骨干网（一级干线）、省骨干网（二级干线）和城域网。与现有的通信网络类似，量子保密通信网络除了设备商还需要运维商。中国作为率先部署大规模量子保密通信网络的国家，为了推动量子保密通信网络的进一步发展和产业链成熟正在尝试建立完整的网络运营模式，由专业的量子保密通信网络运营商，构建广域量子保密通信网络基础设施，为各行业的客户提供稳定、可靠、标准化的量子安全服务。量子网络的运维行业并非垄断行业，不但量子网络公司可以参与，还包括神州信息、中国通服等传统运维商。例如，"京沪干线"的建设，提供传输干线服务的公司是中国有线电视网络有限公司，提供系统集成服务的公司是神州数码系统集成服务有限公司（神州信息子公司）、中国通信建设集团有限公司（中国通服子公司）等。平台层为量子系统平台，主要负责对信息进行整合处理并根据需求做出相关指令，是维护整个系统健康运转的软件基础。量子系统平台包括经典网络管理子系统、综合网络监控子系统、量子网络管理子系统、备份与容灾子系统、量子密钥分发子系统、量子密钥管理子系统。提供系统集成服务的公司包括神州数码系统集成服务有限公司（神州信息子公司）、中国通信建设集团有限公司

（中国通服子公司）等。

下游主要是平台及行业应用，包括金融、军事、政务、商务等领域，这些领域对保密通信的需求较大。提供的产品包括量子电话、基于量子保密技术的IDC、量子白板等。下游的代表企业有阿里巴巴、中国人民银行、国家电网等。

量子通信应用实例：2022年4月7日，作为杭州亚运会特级保电场馆的奥体博览城主体育场配电室机房内，配电网运行数据通过量子加密后成功上送至亚运保电系统，为杭州数智亚运保电新添超级"密码锁"，这也是国内大型国际体育赛事保电首次应用量子技术。5月16日，中国电信发布业内首款基于量子信息技术的VoLTE加密通话产品——天翼量子高清密话。该产品采用国产定制手机、量子安全SIM卡和国密算法"三重保护"，在保障终端原生支持、VoLTE高清通话的基础上，为用户提供"管－端－芯"一体化安全防护并带来科技、时尚、安全和便捷的保密通信新体验。7月11日，中国电信天翼量子高清密话开通线上预约体验，这是业内首款基于量子信息技术的VoLTE加密通话产品。7月5日，国芯科技与参股公司合肥硅臻联合研发的量子密码卡在公司内部测试中获得成功，成功研发的量子密码卡产品是基于国芯科技CCP903T高性能密码芯片和合肥硅臻QRNG25SPI量子随机数发生器模组设计的一款高速量子密码卡，CCP903T高性能密码芯片是国芯科技自主研发设计并实现全国产化生产的密码安全芯片，内部以C*Core C9000 CPU为核心，集成各种高速密码算法引擎、安全防护机制、高速通信接口等，通过国家密码管理局二级密码安全芯片的安全认证。10月，金融服务巨头万事达卡（Mastercard）开发了一种新型非接触式卡，该卡结合了量子密码技术，旨在防止当前经典计算机和未来量子计算机的黑客攻击，万事达卡表示，其新卡是"为非接触式支付带来量子时代安全性和隐私保护的重要里程碑"。据支付商称，它将配备新一代算法和加密密钥，其设计速度很快，确保非接触式支付在半秒内完成，同时加强隐私保护，减少消费者设备和商家终端之间的账户信息共享[①]。

专栏 4-5

中国电信加码布局量子通信

中国电信作为我国建设网络强国、数字中国和智慧社会的主力军，正积极响应国家关于推进量子科技发展的重要布局。2020年，中国电信就启动了"量子铸盾行动"，推动量子通信服务于政务、金融、电力、国防等领域。北京冬奥会冰雪盛会上，中国电信运用量子加密完成通信保障任务，实现了运营商量子加密对讲技术的首次亮相。在2022年3月17日的业绩电话会议上，中国电信管理层表示，公司已实现运营商首款量子密话产品商用，同时已与合作伙伴联合研制量子安全相关产品，并形成解决方案。2022年的5月15日，中国电信发布了业内首款基于量子信息技术的VoLTE加密通话产品——天翼量子高清密话。天翼量子高清密话亮相在2022中国国际服务贸易交易会。5月17日，中国电信

---

① https：//www.mastercard.com/news/press/2021/january/mastercard-evolves-contactless-technology-for-quantum-world/。

发布了业内首款搭载量子安全通话产品的手机——天翼1号2022，该产品采用国产定制手机、量子安全SIM卡和国密算法"三重保护"，为用户提供"管－端－芯"一体化安全防护，带来了保密通信的新体验。

来源：《通信信息报》，2022年9月7日，第8版。

四、量子通信技术应用及市场潜力

（一）技术应用：我国量子通信产业处于应用推广阶段，在技术、产业应用方面已领先全球

量子通信领域，由于量子通信属于信息安全范畴，应用端往往为拥有大量重要且敏感信息，或是其体系较为庞大，一旦受到攻击将对生产生活带来巨大影响的组织、企业或个人。这也使得现阶段量子通信优先应用的客户主要为政府、军方、大型央企和国企、电力系统、金融系统和高端商务等。量子通信的应用在全球范围内还处在早期阶段，随着我国量子保密通信技术已逐渐走到了世界前列，量子通信技术已经在我国获得了广泛应用。

政务领域，我国已经建成的国家量子保密通信骨干网包括"京沪干线""武合干线"等。我国合肥、济南、武汉、北京、上海、贵阳、宿州、枣庄、乌鲁木齐、金华等地多个城域网已建设完成，成都、南京、武汉和海口等地正在开展或规划量子保密通信在政务信息网络的试点应用。2021年9月，合肥量子城域网项目正式启动建设，该城域网是目前中国最大、覆盖最广、应用最多的量子城域网。欧盟委员会选择了一个由多家公司和研究机构组成的财团，研究未来欧洲量子通信网络EuroQCI的设计，它将实现欧盟关键基础设施和政府机构之间的超安全通信。韩国量子密码通信基础设施试点建设项目2021年第二次开展，计划为15个要求较高的机构示范和提供19项服务，包括公共机构管理和设施安全，以及医疗机构之间的远程合作开发和演示。俄罗斯政府预计在10～15年，实现俄罗斯量子通信网络商业运营，原型系统已投入使用。

电力领域，将量子通信技术应用在电力信息系统传输中，对整个系统具有较好的保护作用，且保护效果较为理想。实践应用中，在以下方面发挥着重要作用：①可对电网生产过程中产生的各项数据进行加密传输，采取有效的保护措施，进行安全控制，电网安控、自动化等都属于电力安全的基础，做好这些方面的安全防护是必要的，科学运用量子通信技术，对电力调度数据和配网自动化等诸多方面进行安全保护，切实保证电力生产信息的安全传输；②对于电力系统的管理来讲，人力资源信息、办公系统等涉及的数据较多，而且属于敏感数据，对提升电网运行安全有着重大作用，如果这些信息出现泄露，很可能造成整个电力系统运行问题甚至面临着更大的危险，量子通信技术的应用，可以维护数据运行安全；③电网信息安全决定于电力数据相关的信息设备，信息设备运行效益会受人为因素或客观因素等影响，

无法保证电力数据的安全性，还可能会造成系统瘫痪等故障，在信息数据设备中应用量子通信技术则是保证系统安全稳定运行的重要举措。对于电力信息系统的信息传输而言，要对量子通信技术的应用优势进行全面分析，保证电力系统传输质量及其安全，提供高品质的电力服务[①]。

我国从东部的浙江到西部的新疆已经为其电网建立了地面量子通信电缆。北京市政府还拥有一条通往上海的光缆，以加强对中国最发达城市电力管理的控制[②]。九州量子联手国网电力浙江大有研发全球首台配网量子加密智能开关，并正式投运杭州亚运会莲花主场馆。中国雄安集团数字城市科技有限公司、雄安新区智能城市创新联合会、中国联合网络通信有限公司联合发起成立的量子通信技术应用研究联合实验室联合国网雄安新区供电公司已实现集群对讲、无人机巡检等多个电力场景的量子应用示范。我国量子通信技术处于飞速发展阶段，很多领域已经开始了应用测试，但是在电力行业并没有形成规模化建设，从长远发展角度出发，电力行业开始大范围的使用光纤通道资源，充分突显其应用优势，借助国家建设的通信网和量子干线，构建电力系统量子通信领域网。

金融领域，包括中国人民银行、银保监会在内的部分政府金融监管部门和以工农中建等为首的多家商业银行、证券等金融机构都在积极推进和参与量子保密通信在国内金融行业内的应用和实用化发展，开展了包括同城数据备份和加密传输、网上银行加密、异地灾备、监管信息系统采集报送、人民币跨境收付系统应用等。已应用量子通信技术的银行有中国工商银行、中国银行、中国建设银行、交通银行、中国民生银行、浦发银行、中国光大银行、北京农商银行、上海银行、上海农商银行等。金融行业的用户更加注重金融数据安全，因此较多地选择量子金融数据量子加解密传输、量子证书、量子签章等服务。此外，在国防军事、工业互联网、云数据中心、个人消费、办公等众多领域，也出现了量子通信的示范应用案例，未来，量子通信的应用领域将有可能进一步拓宽。

（二）市场潜力：量子通信产业市场持续扩大，量子互联网是未来发展方向

经过几十年的发展，量子通信已经从实验室阶段进入产业化阶段，全球大规模量子保密通信网络开始迅速增长，量子通信技术已在金融、电力、政务等多个行业领域开展应用。随着量子通信技术的进一步提升，量子通信未来可能会进入千家万户来保障信息社会通信安全，从而服务大众，成为电子政务、电子商务、电子医疗和智能传输系统等各种电子服务的驱动器，为社会提供可靠的安全保障和服务。并且，随着全球对信息安全的重视，具有安全性和可靠性优势的量子通信技术将成为未来网络通信系统的关键技术，从而带来巨大的市场机遇。我们从全球各国政商界对量子通信的投资金额、市场主流公司的市值规模、研发及系统相关投资、产品及建设运营和相关行业案例应用等进行分析预测。全球量子通信市场规模 2025 年预计达 534 亿美元；2030 年预计达 975 亿美元。未来随着广域网领域一旦实现更多技术突破，市场空间将进

---

① 申子要 . 量子通信技术在保密传输中的应用 [J]. 电子技术，2022，51（1）：14-15.
② 2022 全球量子通信产业发展报告。

一步扩大,全球市场将进入快速增长阶段(图 4-9)。

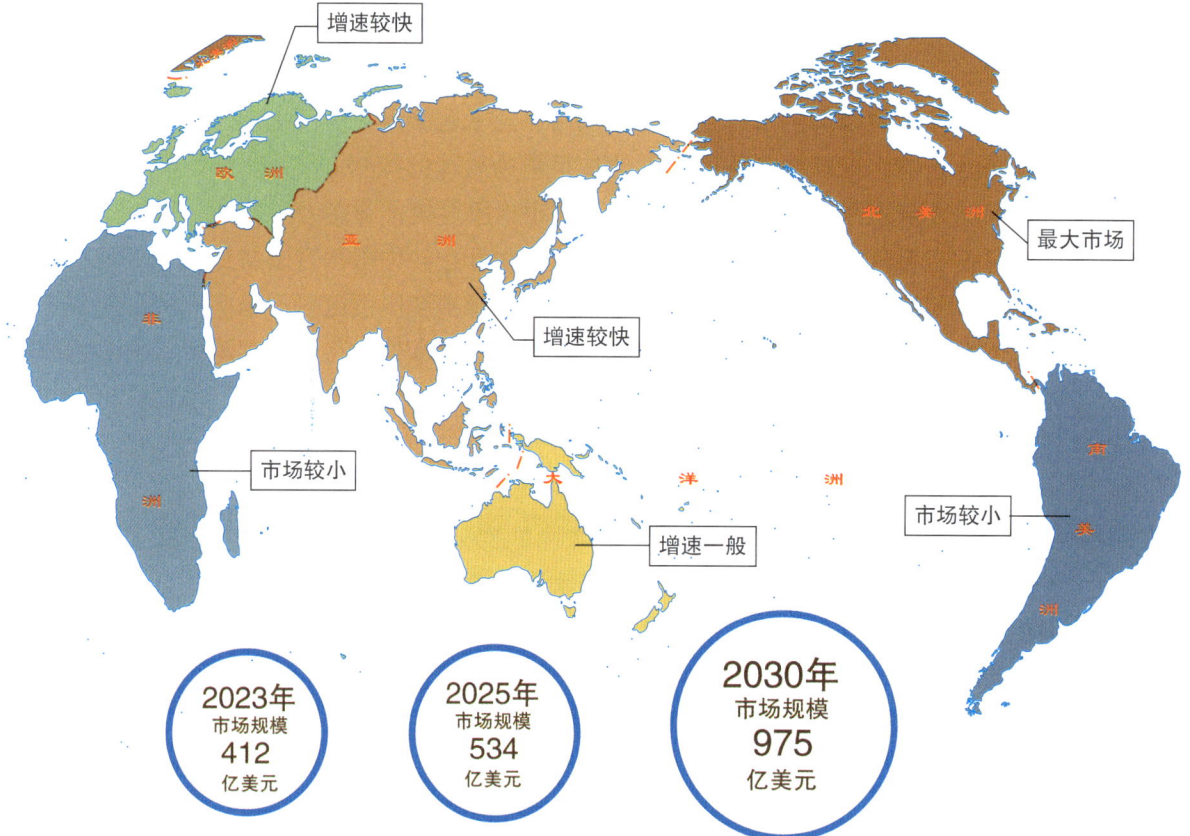

图 4-9　全球量子通信市场规模预测

第五章
2022 年量子测量技术进展
与应用分析

一、量子测量技术最新进展

计量学与量子力学的结合产生了量子精密测量这一前沿领域，对前沿技术的发展具有重要意义。量子测量是指利用量子特性获得更高性能的测量技术，它不仅能够提高普朗克常数 h，万有引力常数 G 等基本物理学常数的测量精度，而且能应用于设计并制造各种量子仪器，如原子钟、陀螺仪、原子重力仪、原子磁强计等来提高时间、频率、重力加速度、磁场等参数的测量精度。量子精密测量主要研究在量子力学原理允许的条件下如何实现高精度测量，具体测量分为两个方面：一个是利用统计规律的经典测量方法所能达到的最高测量精度，被称为标准量子极限；另一个是利用系综中不同粒子之间的量子纠缠和关联的手段达到的最高测量精度，被称为海森堡极限。这些都是可观测到的量子涨落所允许的最大精度。因干涉仪具有的高分辨率和高稳定性，使得基于干涉仪的量子精密测量成为量子精密测量领域的主要发展方向[1]。量子精密测量广泛应用于离子系综、冷原子系综、光子系综及核磁共振系综等物理体系，其中，冷原子系综拥有较高的可控性和稳固的量子相干性，因此具有较高的测量精度。

（一）量子时间测量：光学时钟、原子钟是前沿研究热点

通过量子传感与测量手段可以实现对时间的精密测量。时间精密测量是现代生活中一项非常重要的使能技术，涉及行业有电信网络、金融市场、雷达系统、卫星导航及油气勘探等。

研究进展：2022 年 1 月，德国联邦物理技术研究所实现了对高电荷态离子的精确光学测量，可用于精密光谱学及具有特殊性能的未来时钟。8 月，由英国兰卡斯特大学、伦敦皇家霍洛威大学伦敦分校、美国耶鲁大学和芬兰阿尔托大学组成的国际研究团队首次观察到了"时间晶体"的相互作用，其有望改善当前的原子钟技术，提高陀螺仪性能[2]。9 月，中国科学技术大学卢征天、蒋蔚教授带领的单原子探测团队与云南大学田立德研究员带领的冰川学团队

---

① 孙思彤，丁应星，刘伍明 . 基于线性与非线性干涉仪的量子精密测量研究进展 [J]. 物理学报，2022，71（13）：20。

② 趋势观察 . 国际量子传感与测量领域战略部署与研究热点 [J]. 中国科学院院刊，2022，37（2）：5。

合作，首次对冰芯进行了氩 –39（^{39}Ar）同位素定年测量，为青藏高原羌塘冰川冰芯建立了上千年的精准年代标尺[①]。10 月，中国科学技术大学潘建伟团队首次在国际上实现百公里级的自由空间高精度时间频率传递实验，时间传递稳定度达到飞秒量级，频率传递万秒稳定度优于 4×10^{-19}，此研究代表量子精密测量重大突破。11 月，中国科学院精密测量科学与技术创新研究院冯芒研究团队与广州工业技术研究院、郑州大学和密歇根大学的科学家合作，开发出一种量子热机（Heat Engine）。该量子热机使用单个原子作为马达，有望应用于能源、生物、医药和工程等领域，用于开发分子马达、纳米机器人和微型智能装置等。通过使用激光精确操纵量子离子的状态，该团队克服了在微观尺度上运行动力系统的障碍[②]。同月，麻省理工学院 Keith A．Nelson 教授团队联合三星集团展示了一种室温互补金属氧化物半导体太赫兹相机和旋光仪，通过场驱动的点间电荷转移，可以在室温和压力下快速检测太赫兹脉冲，灵敏度高；更重要的是，它可以同时实时捕获有关波的方向或"偏振"信息，这是现有设备无法做到的[③]。

基于冷原子干涉和无自旋交换弛豫原子自旋的量子测量技术具有较高的理论测量精度，除进一步提升系统测量进度外，已开展相关领域小型化、芯片化和可移动化的研究。冷原子系统将来有望成为新一代紧凑型光学时钟的基础，但是距离规模商用仍有一定距离。未来可进一步研究利用纠缠构建量子时钟网络，利用原子间的纠缠特性进一步降低不确定度，从而突破经典极限。不过该技术成本较高、器件体积较大。高精度、小型化和低成本是量子时间精密测量发展的趋势[④]。我国在高精度光频标和时频传递技术指标相比发达国家还有一定的差距，但截至 2022 年，我国的光钟研究团队是全球最多、种类最全的。

（二）量子导航：角速度传感器、核磁共振陀螺技术较成熟

惯性传感器主要用于检测倾斜、冲击、振动、旋转、多自由度运动，包括加速度计（或加速度传感计）和角速度传感器（陀螺）及它们的单、双、三轴组合惯性测量单元，广泛应用于导航、飞行器和舰船制导及自动驾驶等领域。量子测量技术在自动驾驶、无人机、潜艇、导弹等领域有广阔的前景。

研究进展：2022 年 2 月，加州理工大学的研究人员首次利用富含核自旋的固态材料实现了量子存储。研究人员实验演示了该材料中的核系综极化、集体态激发和量子存储，并演示了镱 – 钒离子纠缠的制备和测量，纠缠存储的退相干时间达到 239 ns、保真度达 0.76。8 月，中国科学技术大学卢征天教授团队利用激光冷原子方法对镱 –171（^{171}Yb）的固有电偶极矩进行了首次测量，获得了该电偶极矩小于 1.5×10^{-26} cm 的上限结果，并对镱 –171 原子核的席夫

① 中国科学技术大学新闻网．http：//news.ustc.edu.cn/info/1055/80382.htm。
② https：//www.nature.com/articles/s41467–022–33667–1。
③ https：//www.nature.com/articles/s41565–022–01243–9。
④ 徐婧，唐川，杨况骏瑜．量子传感与测量领域国际发展态势分析[J]．世界科技研究与发展，2022，37（2）：259–263。

极矩设定了上限。

2022 年 8 月 15 日，普渡大学的研究小组使用电子自旋量子比特作为原子级传感器，实现了超薄六方氮化硼（h–BN）中核自旋量子比特的首次实验控制。实验中使用光来初始化核自旋，并且通过这种控制，可以在二维材料中写入、读取带有核自旋的量子信息。这种方法可以在量子存储、量子传感和量子模拟方面有许多不同的应用[①]。9 月，澳大利亚硅量子计算公司（Silicon Quantum Computing, SQC）科学家开发了一种新方法，可以使自旋量子比特的关键读出阶段更快、更容易且更不易被干扰。此次实验中，SQC 团队提出并展示了一种用于半导体自旋量子比特的读出技术，该技术可以在低场／高温环境中实现高读出保真度，并且对电噪声具有鲁棒性。读出协议是能量选择自旋读出和时间相关自旋读出的组合，并提供了优于 ESM 和 TSM 的许多实用优势[②]。10 月，法国国家科学研究中心的一个团队描述了一量子加速度计，它使用激光和超冷铷原子；相较经典器件，可以以 50 倍的精度优越性测量三维运动。这项工作将量子加速计扩展到了第三维度，可以在没有 GPS 的情况下精确导航。11 月，新南威尔士大学（University of New South Wales）的研究人员突破了新的领域，证明了"自旋量子比特"，自旋量比特是量子计算机的基本信息单位，可存储数据长达 2 ms。在被称为"相干时间"的量子处理器中，这一成就比之前的基准时间长 100 倍。同月，悉尼科技大学（UTS）和皇家墨尔本理工大学（RMIT）合作展示了一个多功能的量子显微镜，使用嵌入在范德华材料六方氮化硼（h–BN）的薄层中的"点"缺陷。在一种铁磁性范德华材料上测试了它们的原型：一种二碲化铬（$CrTe_2$）晶体薄片。基于 h–BN 的量子显微镜能够对铁磁体的磁畴（Magnetic Domains）进行成像，在室温下以纳米级的距离接近传感器。h–BN 的独特属性使研究人员也能记录温度图，这证实了显微镜可以将两个不同物理量之间的图像联系起来。此团队开发的量子显微镜原型——"自旋传感器"，已被证明可以创建不同物理量的高分辨率地图[③]。

专栏 5–1

我国科学家首次提出并验证 Floquet 自旋量子放大技术

量子放大技术已经在诸多测量过程发挥着不可替代的作用，催生出许多革命性成果。例如，微波激射器、激光器、原子钟，甚至宇宙微波背景辐射的首次发现等，诺贝尔物理学奖也曾多次授予相关领域。然而对量子放大精密测量技术的探索仍然有限，实现信号放大主要依赖于量子系统固有的离散能级跃。由于可调谐性的限制，量子系统固有离散跃迁频率往往无法满足放大需要的工作频率，因此限制了量子放大器的性能，如工作带宽、频率和增益等。克服以上困难有助于量子放大技术的性能得到更大改善，对探测极弱电磁波和奇异粒子等基础物理和实际应用具有重要意义。

---

① https：//www.physics.purdue.edu/people/faculty/tcli.php。

② https：//www.nature.com/articles/s41586–022–04706–0。

③ https：//cosmosmagazine.com/science/physics/quantum–microscope–prototype/。

2022 年 6 月，中国科学技术大学中国科学院微观磁共振重点实验室彭新华教授研究组在自旋量子精密测量领域取得重要进展，首次提出和验证了 Floquet 自旋量子放大技术，该技术克服了以往只在单个频率处量子放大的局限性，实现了多频段极弱磁场信号的量子放大，灵敏度达到了飞特斯拉水平。

研究组利用 Floquet 调制技术调控自旋的能级与量子态，将固有的二能级系统（如 ^{129}Xe 核自旋）修饰为周期性驱动 Floquet 系统，从而具有很多独特的性质，使得系统形成了一系列等能量间距分布的 Floquet 能级结构，在这些能级之间可以发生共振跃迁，因此有效拓宽了磁场放大的频率范围。通过理论计算和实验研究，首次展示了 Floquet 系统可以实现多个频率待测磁场 2 个数量级的同时量子放大，测量灵敏度达到了飞特斯拉级别。该工作首次将量子放大技术扩展到 Floquet 自旋系统，有望进一步推广到其他量子放大器，实现全新的一类量子放大器——"Floquet 量子放大器"。

在量子导航领域，特别是角速度传感器（陀螺仪）领域，核磁共振陀螺仪发展最为成熟，且已进入芯片化产品研发阶段，而原子干涉、超流体干涉和金刚石色心陀螺还处于原理验证或技术试验阶段，距离实用化还较久远。在量子导航方面，中国大陆在原子陀螺仪领域起步与美国相差约 10 年，现在中国大陆技术水平已同美国公开报道水平相当，同日本、中国台湾相比已形成较大技术优势；国内外的原子陀螺仪均处于研制阶段，没有实际可用的工程化原子陀螺仪。不过，由于国外技术方案的封锁、国内缺乏高精度的量子操控方法，同时在核心部件的材料与制作工艺、控制系统电子电路、系统集成等方面还存在一定的问题，我国原子陀螺仪仍处于初步研究阶段，虽然核心指标与国外公开报道的最优指标相当，但总体技术指标与国外差距较大。

（三）量子磁测量：研究起步早，已形成模块化商品应用

精密微弱磁场的测量是现代精密测量科学中一个非常重要的方向，不仅对基础物理对称性研究有非常重要的意义，同时在军事、生物医学、古地磁学、外空间探索及工业无损检测等领域都有广泛的应用。高灵敏度量子磁力仪主要有光泵磁力仪、SERF 原子磁力仪及相干布居囚禁（CPT）原子磁力计等[①]。其中，SERF 原子磁力仪具有亚 fT 量级的测量精度，是未来超高精度磁场测量的发展方向，而 CPT 磁力计兼具测量精度和小型化优势，已经开始进入芯片级传感器的研究。

研究进展：2022 年 1 月，中国科学技术大学杜江峰团队将金刚石量子传感器用于癌症诊断，制造了一个光学检测磁共振（ODMR）宽场显微镜，通过检测金刚石 NV 中心的连续波（CW）光谱来实现肿瘤组织磁共振成像。研究人员用 20 nm 大小的超顺磁性纳米粒子（MNP）标记组织的靶膜蛋白，并将标记的组织附着到金刚石表面。研究人员模拟了细胞表

① 徐婧，唐川，杨况骏瑜．量子传感与测量领域国际发展态势分析[J]．世界科技研究与发展，2022，44（1）：46–58。

面随机分布的 MNP 的磁场信号和 MNP 标记组织的磁模式[1]。

2022 年 4 月，来自德国弗劳恩霍夫协会（Fraunhofer）6 个研究所的研究人员在量子磁力仪项目（简称 QMag）中联合起来，开发能够以前所未有的空间分辨率、灵敏度和室温条件对微小磁场进行成像的传感器。弗劳恩霍夫灯塔项目的目标是将量子磁力仪从大学研究环境转移到具体的工业应用中。弗劳恩霍夫应用固体物理研究所（Fraunhofer IAF）开发的金刚石量子磁力仪能够以几纳米的空间分辨率探测到单个电子和核自旋的磁场。由于材料的物理性质，金刚石量子磁力仪能够在室温下工作，非常适合工业应用[2]。6 月，麻省理工学院（MIT）Paola Cappellaro 教授团队利用周期性驱动（Floquet）量子系统中的非线性效应来实现信号的量子频率混合和施加的偏置交流场。并进一步表明，混频可以区分振荡信号场的矢量分量，从而实现任意频率的矢量磁力测量。最后，用金刚石中的氮－空位色心实验证明了量子混频器传感技术的多功能性，以感测 150 MHz 信号场[3]。9 月 21 日，中国科学技术大学杜江峰团队首次实现太阳光驱动的量子磁力计，通过直接利用环境能量，为量子技术的能源消耗问题带来了潜在的解决方案。

基于核磁共振的量子测量研究起步早、技术成熟，目前已有相对成熟的模块化商品应用，芯片化、低功耗、低成本是未来研究趋势，但是技术精度不如冷原子干涉和无自旋交换弛豫原子自旋。在量子磁测量方面，美国的量子磁测量起步较早且延续性好，是该领域的领跑者，我国具有一定差距；在基于 SERF 效应超高灵敏极弱磁场测量技术上，我国处于世界先进水平；在微小型原子磁强计和应用研究上，国内自主研制出了用于极弱脑磁心磁高分辨率成像装置的芯片化 SERF 原子磁强计，与国外最高水平接近，基本处于并跑阶段；在超导量子干涉器件 SQUID 方面，自主研制的 SQUID 器件性能已达到国际先进水平。

（四）量子重力测量：量子重力仪技术优势展现，出现第一个商业化产品

地球重力场反映物质分布及其随时间和空间的变化。测量重力场的仪器统称为重力仪，具体可分为相对重力仪和绝对重力仪。量子重力仪是一种典型的绝对重力仪，它摆脱了传统光电仪器的工作机制限制，直接利用物质的量子本质进行精密测量，测量精度也有了大幅提升。量子重力测量研究分为超高精度和小型化两个方向。大型超高精度喷泉式冷原子重力仪有望应用于验证爱因斯坦广义相对论理论、探测引力波、研究暗物质和暗能量等，成为基础科研的有力工具。小型化下抛式冷原子重力仪有望应用于可移动平台，如航空重力仪、潜艇重力仪甚至卫星重力仪。

研究进展：2022 年 2 月 24 日，来自英国国家量子技术中心的伯明翰大学研究人员 23 日在 *Nature* 上发表研究称，世界上第一台非实验室条件下的量子重力梯度仪问世，世界首台量

---

[1]　http：//news.ustc.edu.cn/info/1056/62317.htm。

[2]　https：//www.iaf.fraunhofer.de/en/media-library/press-releases/highly-sensitive-quantum-magnetometers.html。

[3]　https：//news.mit.edu/2022/quantum-sensor-frequency-0621。

子重力仪走出实验室。这种利用量子技术的传感器可找到隐藏在地下的物体，这是量子重力测量的里程碑，其对学界、业界和国家安全等将具有深远的影响。3月22日，为了不断提高监测和响应火山爆发的能力，美国地质勘探局（USGS）夏威夷火山观测站（HVO）使用了一种新的、最先进的仪器——绝对量子重力仪（AQG）。AQG 能够测量地表下非常小的质量变化，这将有助于探测地下火山过程[①]。8 月，法国高科技公司 iXblue 和意大利国家地质和火山研究所地震台网中心 Etneo 观察站（INGV-OE）的合作研究实现了世界上第一次将量子重力仪用于由于火山活动引起的重力变化探测。即使在其他技术无法使用的条件下，这种设备也可以提供高质量的数据[②]。

量子重力测量研究的突破分为超高精度和小型化两个方向。我国与美国、欧洲发达国家和地区相比，存在一定的差距。我国在原子干涉仪精密测量基础性研究方面，缺少原创性的研究成果，原子陀螺仪的研究水平与国际水平有一定的差距。不过，我国在原子干涉等效原理检验方面处于国际领先水平，在原子干涉重力和重力梯度测量、原子干涉转动测量基础研究方面处于国际先进水平，在原干涉仪技术应用研究方面也取得了很好的进展。

二、量子测量技术专利分析

1. 量子测量专利趋势

2003—2022 年量子测量领域的专利申请趋势如图 5-1 所示。

图 5-1　2003—2022 年量子测量专利趋势（截至 2022 年 7 月）

由图 5-1 可以看出，2003—2007 年，量子测量专利申请趋势较为平缓，2008—2012 年开

---

①　https：//www.nps.gov/media/webcam/view.htm ？ id=BA08FE10-B9F1-6EF1-3EE8A0E9DC683143。

②　https：//agupubs.onlinelibrary.wiley.com/doi/10.1029/2022GL097814。

始波动上升，2013 年出现跨越式增长，此后开始稳步提升，到 2020 年，量子测量专利年度申请量已达 410 件。

2. 量子测量专利技术来源国趋势

将量子测量领域的专利从专利申请人所属国家地区及组织来划分，并绘制地区及组织申请趋势如图 5-2 所示。

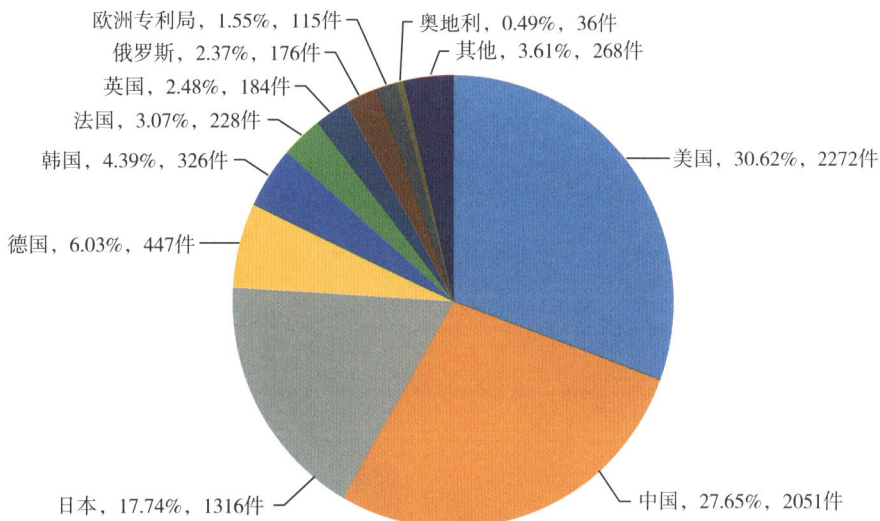

图 5-2　量子测量技术各国申请量及趋势（2003—2022 年）

对图 5-2 进行分析，美国量子测量技术专利数量排在第 1 位，共申请专利 2272 件，占全球近 30% 的比例；中国 2051 件，排在第 2 位；日本 1316 件，排在第 3 位。另外，德国、韩国、俄罗斯在量子测量领域专利申请数量排名较靠前，具有一定实力。

3. 量子测量专利申请人技术领域趋势

根据各技术分支专利数量，挑选出十大技术领域领军企业，绘制成量子测量专利申请人技术领域趋势，如图 5-3 所示。

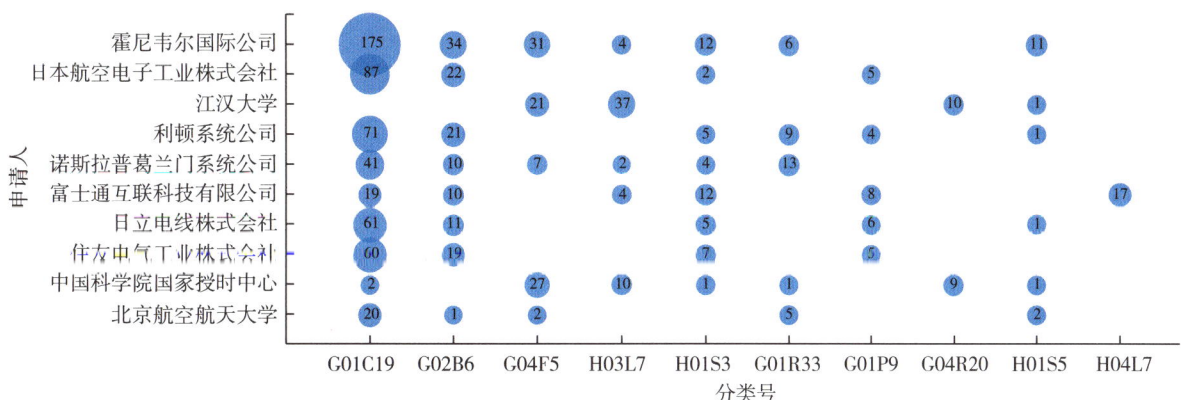

图 5-3　量子测量专利申请人技术领域趋势（截至 2022 年 7 月）

分析图 5-3 量子测量专利申请人 TOP 10 可知，霍尼韦尔国际公司居第 1 位，日本航空电子工业株式公社居第 2 位，我国的汉江大学排在第 3 位。专利申请人 TOP 10 中有 3 家美国企业、4 家日本企业，其余 3 家是我国的科研单位，由此可以看出，美国与日本由于起步较早，专利技术商业化发展较好；我国量子测量技术较强，发展迅速，但专利技术商业化有所欠缺，仍需充分发挥市场的力量。

4. 量子测量专利旭日图

根据量子测量领域专利申请热点绘制旭日图，如图 5-4 所示。

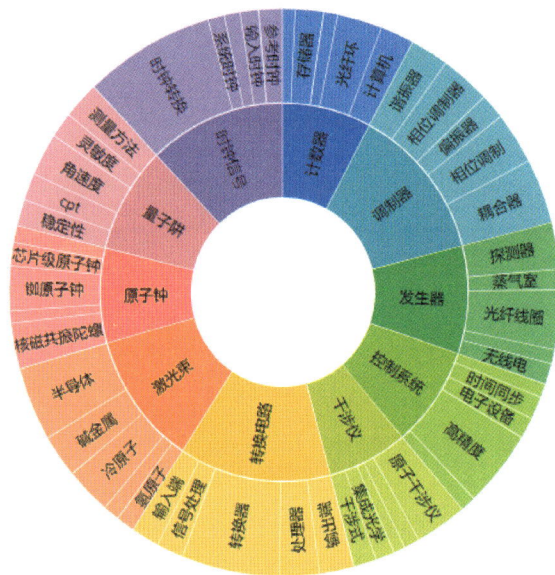

图 5-4　量子测量专利申请旭日图（截至 2022 年 7 月）

由图 5-4 中可以看出各技术领域内详细的技术焦点。整体来看，量子测量技术全面、成熟，各技术领域热度较为均衡，说明量子测量技术有进入成熟的成果产出阶段的潜力。

三、量子测量技术产业及生态发展

（一）政府布局

量子测量涵盖电磁场、重力应力、方向旋转等物理量，技术应用十分广泛，涉及民生、军事国防、基础科学研究等诸多领域，受到世界各国政府的高度重视。近年来，各国争相出台各自发展战略和研究计划，将量子测量纳入国家发展战略。

美国作为世界军事第一大国，美国白宫科技政策办公室国家科学技术委员会很早就将量子测量技术纳入军事领域研究。2020 年 12 月，美国空军拨款 3500 万美元量子研究资金，AOSense 等 8 家量子测量企业获得资金支持。美国国防部高级研究计划局（DARPA）启动的Micro-PNT计划也支持了芯片级原子钟、集成微型主原子钟（冷原子钟）、量子陀螺等领域的研究，开发小型化、芯片化的定位导航授时系统，重点研究和发展无源定位导航技术，确保军队能够在全球定位导航系统拒止环境下保持高精度的定位导航授时能力。美国国防部启动的"增强原子钟稳定性（ACES）"项目旨在开发下一代芯片级原子钟，并将性能提高1000倍。

欧洲致力于将量子测量作为重要研究领域，计划在科学研究、产业推广、技术转化、人才培养等方面都给予重要支持（表5-1）。欧洲量子旗舰计划启动了20个研究项目，其中有4个项目与量子测量直接相关，分别是用于传感和计量应用的微型原子蒸气池量子器件开发（macQsimal）、利用室温金刚石量子动力学实现安全的多模式心脏成像（MetaboliQs）、集成化量子时钟（iqClock）和金刚石量子传感技术（ASTERIQS）。

表5-1 欧洲量子测量资助项目

国家	项目	内容	经费/万欧元
德国	金刚石动态量子多维成像（MetaboliQs）	利用室温金刚石量子动力学实现安全的多模式心脏成像，改善心血管疾病的诊断	667
德国	量子磁力仪（QMag）	开发能够以前所未有的空间分辨率、灵敏度和室温条件对微小磁场进行成像的传感器	1000
法国	金刚石色心量子测量（ASTERIQS）	开发基于金刚石的高精度传感器，以定量测量磁场、电场、温度或压力等物理量	975
法国	量子工程项目（Quantum Engineering）	培养下一代量子工程师，量子测量是研究领域之一	820
荷兰	集成量子钟（iqClock）	利用量子技术促进高精度和可负担的光学时钟发展	1009
瑞士	微型原子气室量子测量（MACQSIMAL）	开发用于测量物理可观测量的量子传感器，造福于自动驾驶、医学成像等诸多领域	1021

来源：根据公开资料整理。

英国早在2015年就开展量子精密测量仪器的研究，并对可能的产品化方案予以充分佐证。并且强调了量子测量领域基础研究、技术应用、人才培养和国际合作方面的发展战略。

日本从2018年开始实施"量子飞跃旗舰计划（Q-LEAP）"，重点支持包括量子测量和传感器在内的3个技术领域的研发，每个技术领域设立1个基础研究项目和2个旗舰项目。基础研究项目每年资助2000万～3000万日元，旗舰项目每年资助3亿～4亿日元。在量子测量和传感器领域，设置了固体量子传感器及量子光传感器2项旗舰项目。

我国在2016年的国家重点研发计划中设立"量子调控与量子信息"重点专项，将量子调控与量子信息技术纳入国家发展战略，明确提出要在核心技术、材料、器件等方面突破瓶颈，实现量子相干和量子纠缠的长时间保持和高精度操控，并应用于量子精密测量等领域。国家重点研发计划"地球观测与导航"重点专项部署了"原子陀螺仪"、"空间量子成像技术"、"原子磁强计"和"芯片原子钟"等项目，也对量子精密测量技术的研究与发展提供了重要支持。2021 年 1 月以来，全国各省份陆续出台"十四五"规划与二〇三五年远景目标的建议，提出加快突破核心关键技术，前瞻布局量子科技。2022 年，国务院印发《计量发展规划（2021—2035 年）》提出"到 2035 年，建成以量子计量为核心、科技水平一流、符合时代发展需求和国际化发展潮流的国家现代先进测量体系"，我国量子精密测量产业发展迎来新机遇。安徽省特别提到要加快形成量子信息产业创新链，打造具有全球影响力的量子中心，并且积极布局空地一体量子精密测量实验设施。2022 年 5 月 20 日，安徽省人民政府办公厅印发《安徽省实施计量发展规划（2021—2035 年）工作方案》，加强计量基础和前沿技术研究，强化计量基础理论和量子标准、量子传感、精密测量等技术研究和创新。

（二）科研机构布局

在光钟研究上，国外领先的机构包括美国国家标准与技术研究院（NIST）、美国天体物理联合研究所（JILA）、德国联邦物理技术研究院（PTB）、法国巴黎天文台（SYRTE）等，国内的主要研究机构包括中国科学院精密测量院、中国计量科学研究院、中国科学院国家授时中心、中国航天二院 203 所、华东师范大学、北京大学等。

在高精度时间频率传递上，国外领先的机构包括英国国家计量院、美国国家标准与技术研究院（NIST）、美国天体物理联合研究所（JILA）、日本国家信息与通信技术研究院、意大利国家计量院、德国联邦物理技术研究院等，国内的主要研究机构包括中国科学院国家授时中心、中国科学技术大学、清华大学、华东师范大学等。

在电天平等其他单位量子方法复现研究上，主要国际研究机构包括美国国家标准与技术研究院（NIST）、德国联邦物理技术研究院（PTB）、加拿大国家研究委员会、法国国家实验室、日本国家计量院等，均取得了较好的进展。

在量子导航研究上，国外主要的研究机构包括斯坦福大学、桑迪亚国家实验室、麻省理工学院、加州大学欧文分校、普林斯顿大学、法国航空航天实验室等。国内主要研究机构包括北京航空航天大学、航天九院十三所、航天三十三所、航天十三所、国防科技大学、航空六一八所、兵器导控所、中国科学院武汉物数所、清华大学、中船重工七一七所等。

在量子磁测量研究上，国外主要的研究机构包括普林斯顿大学、哈佛大学、麻省理工学院、加州大学伯克利分校等，其中，普林斯顿大学于 2010 年就创造了当时磁场测量灵敏度的世界纪录。国内主要研究机构包括中国科学技术大学、中国科学院上海微系统与信息研究所、北京航空航天大学、中国航天科工集团第三研究院第三十三研究所等。

在量子重力测量研究上，美国在单组分原子干涉仪等效原理质量检验、精细结构常数测量方面的研究工作处于国际领先水平，意大利叠加态原子等效原理质量检验、引力常数测量方面的研究工作处于国际领先水平，法国、德国在空间原子干涉仪等效原理质量检验方面的研究工作处于国际先进水平。

在原子干涉精密测量上，国外研究机构有美国的斯坦福大学、加州大学伯克利分校，德国的马克斯·普朗克量子光学研究所、戈特弗里德·威廉·莱布尼茨汉诺威大学，法国的波尔多大学、巴黎高等师范学院，意大利的佛罗伦萨大学等。我国的主要研究创新主体有中国科学院精密测量科学与技术创新研究院、华中科技大学、中国科学技术大学、清华大学、浙江大学、浙江工业大学、中国计量科学研究院，以及与中船重工第七一七研究所、第七〇七研究所等。

（三）企业布局

量子测量产业形成的时间较早，已经形成了以原子钟、核磁共振等为代表的第一次量子科技革命的产物，产业链较为清晰。量子测量技术方向众多、应用领域覆盖面广，当前，芯片级原子钟、光钟、光泵磁力计等部分成熟的技术已经开始走向从工程样机向商用产品的过渡阶段。全球市场上，除了一些老牌的精密仪器设备公司，近年来，出现了一批由高校和科研院所转化、专注量子测量技术产品研发和应用推广的初创公司，已推出基于冷原子的重力仪、频率基准（时钟）、加速度计、陀螺仪等商用化产品，整个产业发展仍处于初期，规模有限，但产业化发展较为迅速（表 5-2）。

表 5-2   各国具有一定规模的量子测量公司数量   单位：家

国家	2021 年	2015 年	国家	2021 年	2015 年
美国	13	8	中国	3	1
瑞士	5	2	荷兰	3	1
法国	4	2	丹麦	2	2
德国	4	3	澳大利亚	1	0
英国	4	2	加拿大	1	0

来源：麦肯锡研究报告《量子技术监测》。

美国、欧洲、中国等在时频同步、磁场测量、重力测量、科研和工业仪器等方面均有涉及，但基于欧美国家研发基础深厚，我国整体水平落后于欧美国家。在量子测量领域，过去五年中，我国初创企业的数量几乎翻了一番，但数量仍然相对较少，美国排在第 1 位（表 5-2）。量子测量各领域代表性企业如下。原子钟领域，美国 Microsemi，俄罗斯 KVARZ，瑞士 T4 Science，以色列 AccuBeat，中国天奥电子、星汉时空等；磁力计领域，芬兰 MEGIN，澳大利亚 Compumedics Neuroscan，加拿大 GTF MEG，美国 RICOH USA、QuSpin，英国 Cerca Magnetics，中国苏州迪卡默克等；重力仪领域，法国 Muquans/iXblue、美国 AOSense、英国 Teledyne-e2v、中国中科酷原等；量子科研和工业仪器领域，美国 Bruker、韩国 Park Systems、瑞士 Nanosurf、日本 Shimadzu、德国 SPEC，中国国仪量子等（图 5-5）。截至 2022 年，量子测量的市场供应商主要集中在北美和欧洲，其次是亚太地区。

原子钟领域代表企业
- 美国Microsemi
- 俄罗斯KVARZ
- 瑞士T4 Science
- 以色列AccuBeat
- 中国天奥电子
- 中国星汉时空
- ……

磁力计领域代表企业
- 芬兰MEGIN
- 澳大利亚Compumedics Neuroscan
- 加拿大GTF MEG
- 美国RICOH USA、QuSpin
- 英国Cerca Magnetics
- 中国苏州迪卡默克
- ……

量子科研和工业仪器领域代表企业
- 美国Bruker
- 韩国Park Systems
- 瑞士Nanosurf
- 日本Shimadzu
- 德国SPEC
- 中国国仪量子
- ……

重力仪领域代表企业
- 法国Muquans/iXblue
- 美国AOSense
- 英国Teledyne-e2v
- 中国中科酷原
- ……

英国4家
- Teledyne-e2v
- Cerca Magnetica
- ……

荷兰3家　**丹麦2家**

德国4家
- SPEC

法国4家
- Muquans/iXblue

瑞士5家
- T4 Science
- Nanosurf

加拿大1家
- GTF MEG

日本13家
- Shimadzu
- ……

中国3家
- 国仪量子
- 中科酷原
- 星汉时空

美国13家
- Microsemi
- AOSense
- Bruker
- ……

澳大利亚1家

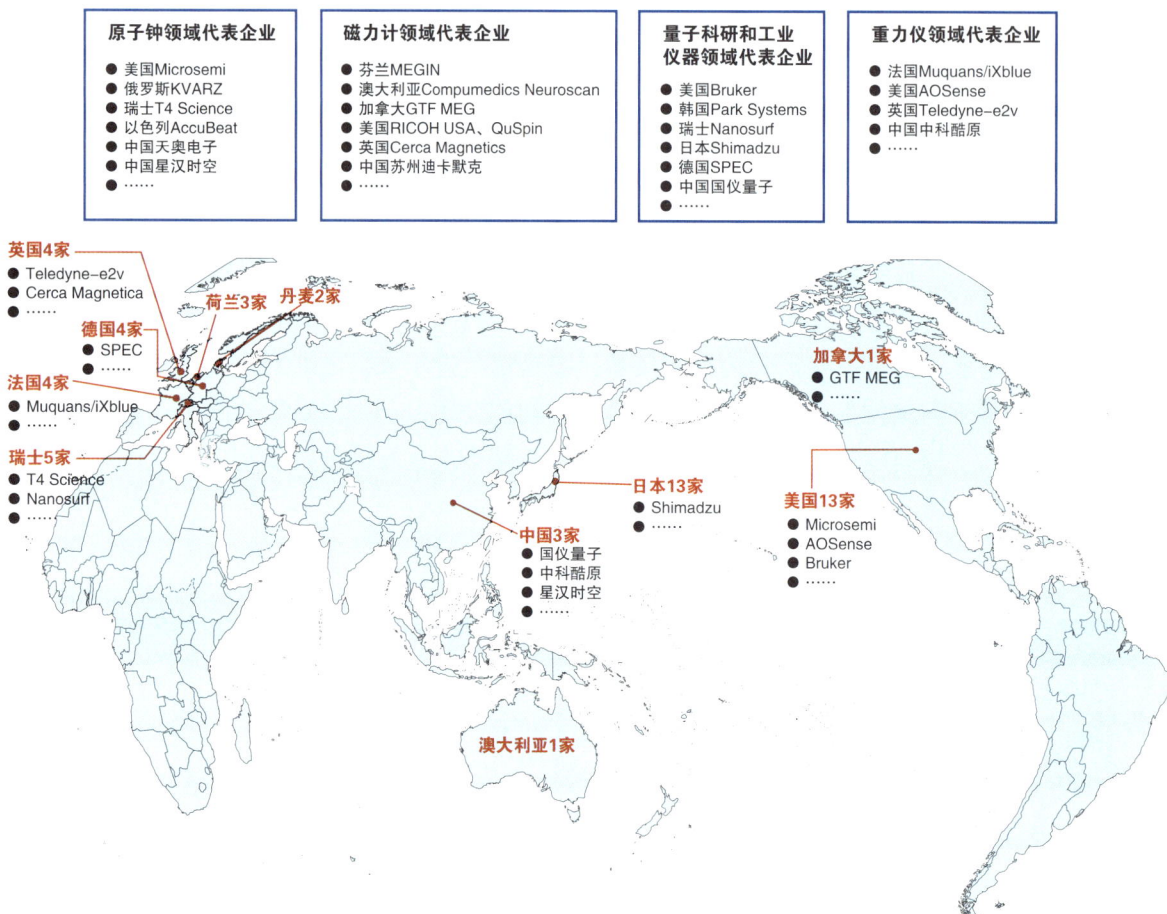

图 5-5　各国具有一定规模的量子测量公司分布

　　我国量子测量应用与产业化尚处于起步阶段，我国国仪量子以量子精密测量为核心技术，为全球范围内企业、政府、研究机构提供以增强型量子传感器为代表的核心关键器件、用于分析测试的科学仪器装备、赋能行业应用的核心技术解决方案等产品和服务，主要产品包括电子顺磁共振谱仪、量子态控制与读出系统、量子钻石原子力显微镜、量子钻石单自旋谱仪等。国盾量子在积极拓展量子领域全栈式开拓，基于高精度重力测量需求，成功开发出基于冷原子干涉的重力仪原型产品。

专栏 5-2

量子测量公司——AOSense

　　AOSense 位于美国加利福尼亚州阿拉米达郡弗里蒙特市，其技术是从斯坦福大学分离出来的，目前该公司的产品包括陀螺仪、加速度计、惯性测量单元（IMU）、重力仪、重力梯度计和原子频率标准。此外，该公司拥有较强的光学技术与量子器件，如激光系统、原子源等，这些器件可以广泛应用于包括量子计算、测量和量子通信在内的各类量子技术（图 1）。

图 1　AOSense 的产品冷原子干涉重力仪的商业产品（灵敏度优于 10^{-9}g/Hz$^{-1/2}$）

Brenton Young、Mark Kasevich 和 James spilker 于 2004 年创立了 AOSense。2006 年，AOSense 与美国国防部高级研究计划局（DARPA）签订合同，AOSense 为其设计、制造和测试重力梯度计和单轴加速度计／陀螺仪。此后，AOSense 成功掌握了先进的冷原子技术，并承接了大量由 DARPA、美国陆海空军、NASA、NSF、DTRA 和情报部门资助的政府项目。运营方面，AOSense 采用员工持股制。拥有 30 名员工，跨越物理、光学、机械工程、电子、软件和包装（packaging）等多个学科。

AOSense 虽然员工数量不多，但公司实力不容小觑。三位创始人中，Brenton Young 一直担任为美国国防部高级研究计划局和空军开发原子光学传感器和控制电子学项目的学术带头人。在创立 AOSense 之前，Brenton Young 为斯坦福大学、喷气推进实验室和 NIST 设计、建造并部署了原子和光学系统。Mark Kasevich 为斯坦福大学物理学和应用物理学的教授，是大量 AOSense 光脉冲原子干涉测量技术开创者；James Spilker 为斯坦福大学电气工程和航空航天的顾问教授，也是 GPS 的联合设计师、斯坦福电信的联合创始人和董事长，擅长将复杂的军事和航空航天技术商业化，曾获得 2019 年伊丽莎白女王工程奖。此外，AOSense 的执行总裁 David A.Whelan 是美国国家工程院院士、前波音国防空间与安全公司的副总裁兼首席技术专家、HRL 实验室的董事会成员。在加入波音公司之前，DavidA.Whelan 是美国国防部高级研究计划局战术技术办公室主任和休斯雷达系统公司的首席科学家。DavidA.Whelan 还担任着加州大学圣地亚哥分校政府关系执行主任。

（四）产业链全景

欧美国家量子测量领域多为高校、研究机构、企业、军队、政府等多方联合助力，共同推进技术发展和产业推广，实现研究成果落地和产品化，量子测量产业发展迅速。欧美多家公司已推出基于冷原子、超导、无自旋交换弛豫（SERF）、核磁共振等量子技术的重力仪、频率参考（原子钟）、磁力计、加速度计、陀螺仪等商业产品。此外，全球量子测量市场和产业的增长越来越多地受到合作伙伴的共同推动，系统设备商与设备供应商、高等院校、研究机构等建立合作伙伴关系，使市场参与者能够利用彼此的技术专长共同促进产品研发和推广。量子测量产业链包括上游量子测量元器件及设备、中游量子测量软件及系统、下游量子测量应用（图5-6）。

图5-6 量子测量产业链

从国内外对比来看，部分领域国内成果与国际先进水平还存在1～2个数量级的差距，部分领域成果可以与国际先进水平并跑[①]。总体来看，我国量子测量技术前沿研究属于稳步发展阶段，我国量子测量领域研究多集中于高校和科研机构。但是从公司参与程度、产业化程度看，我国与欧美国家差距较大，商业企业介入较少。我国量子测量应用与产业化正在逐步发力。与欧美国家相比，国内研究机构和行业企业之间的合作交流十分有限，缺乏沟通合作的平台与机制，成果转化和知识产权开发较为困难，产业生态链尚未形成。较为成熟的量子测量产品主要集中于量子时频同步领域。中国电科、中国航天、中航工业等下属的一些研究机构正逐步在各自优势领域开展量子测量方向研究，突破关键技术，完成原理样机向工程化产品的转化，未来的5～10年将形成产业化能力基础。高校和研究机构对于科研成果的商业转化支持力度也逐步增大。在产业应用方面，基于量子测量的优势，将广泛应用于航空航天、军事军工、医疗卫生、能源勘测等领域（图5-7）。

---

① 张萌，赖俊森．量子测量技术进展及应用趋势分析[J]．信息通信技术与政策，2021，47（9）：72-78。

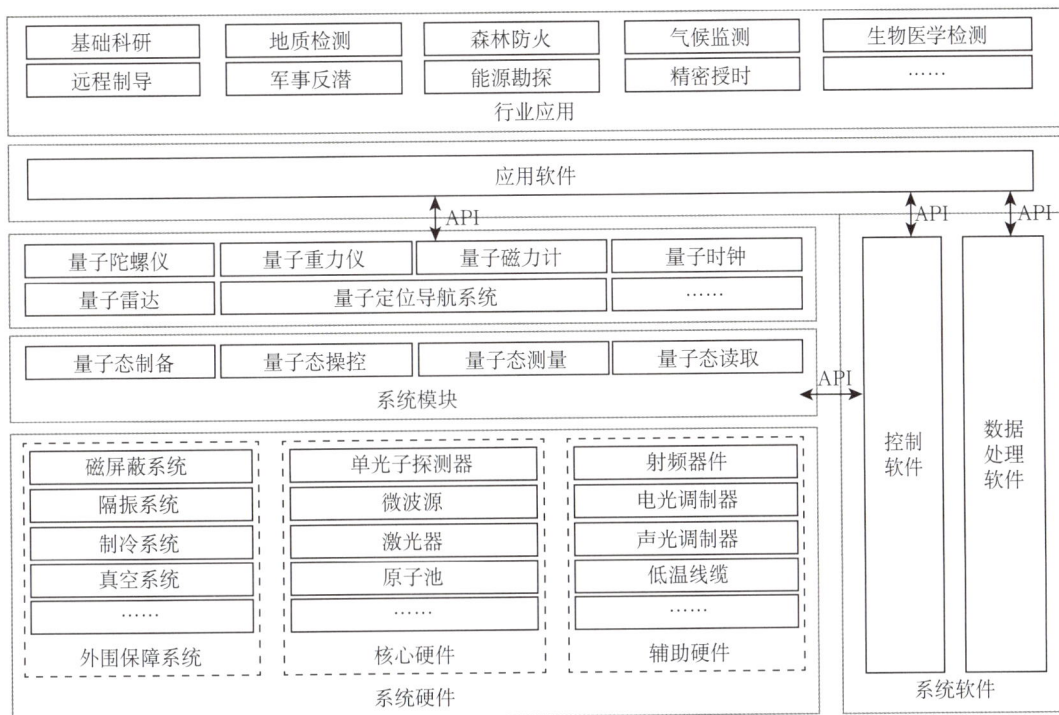

图 5-7　量子测量软、硬件及应用体系框架

四、量子测量技术应用及发展潜力

（一）技术应用：超精密、小型化、低成本是发展趋势

得益于量子效应，量子测量能在诸如时间、重力、磁场、成像、遥感等领域，提供比现有技术更高的测量灵敏度、精度和速度。量子测量技术可以在量子定位导航、量子重力测量、量子磁场测量、量子目标识别、量子时频同步等广泛领域发挥重要作用。截至 2022 年量子测量的五大主要技术路线包括基于冷原子相干叠加，基于核磁共振或顺磁共振，基于无自旋交换弛豫原子自旋（SERF），基于量子纠缠或压缩特性和基于量子增强技术。图 5-8 是量子测量应用领域与技术方案。

量子测量领域，量子测量技术涵盖多种物理量的精密检测，在各学科和行业领域（诸如通信、能源、军事、航空、医学、基础科学等在内的诸多领域）具有巨大的应用潜力，但是分支众多，技术方案多样，如基于量子陀螺仪、重力仪、时钟及时频传递技术的新一代定位/导航/授时系统在航天和国防等领域具有重要战略价值。量子磁力计、单光子探测雷达和金刚石色心传感器等在生物技术科研、心脑磁医疗诊断、大气环境探测和高端工业制造检测等民用领域具有较大的应用前景。

量子干涉雷达
量子照射雷达　5.量子目标识别
量子增强雷达
喷泉式原子重力仪　4.量子重力测量
自由下落式重力仪

光泵磁力仪
原子SERF磁力仪
相干布居囚禁磁力仪　3.量子磁场测量
金刚石色心磁力仪

量子测量

1.量子定位导航
　星基量子导航系统 — 六星定位系统 / 三星定位系统
　量子加速度计 — 原子干涉加速度计 / 金刚石色心加速度计
　量子陀螺仪 — 原子干涉陀螺仪 / 超流体干涉陀螺仪 / 核磁共振陀螺仪 / Serf陀螺仪 / 金刚石色心陀螺仪

2.量子时频同步
　量子时钟源 — 冷原子喷泉中 / 原子/离子光钟 / 相干卜居囚禁钟
　量子同步协议 — 量子保密时间同步协议 / 纠缠消除色散时间同步协议 / 符合测量纠缠光子对时间同步协议 / Home干涉时间同步协议

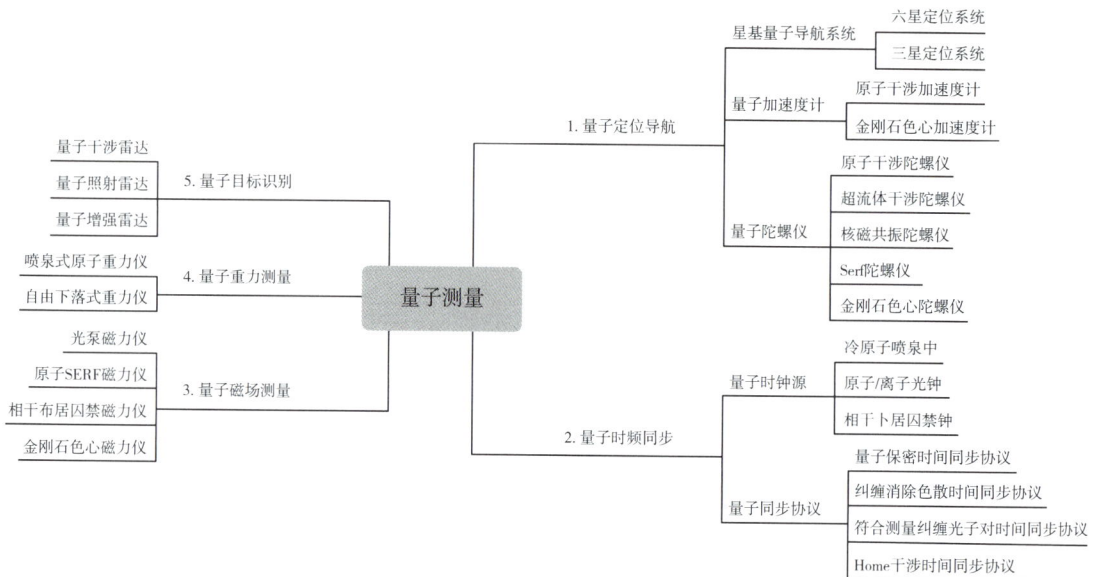

图 5-8　量子测量应用领域与技术方案

量子目标识别领域，2007 年美国国防高级研究计划局启动了量子传感项目和量子激光雷达项目；2016 年，中国电子科技集团公司第十四研究所研制出我国首部基于单光子检测的量子雷达系统；2018 年，展示了最新的量子雷达系统。我国国耀量子公司已经研发了量子测风激光雷达和量子气溶胶激光雷达。量子雷达还处于初期研究阶段，探索范围还不及传统雷达。未来，量子雷达主要应用于航空、军事、风力发电和气象、环保等领域。

量子重力测量领域，欧美国家已解决了冷原子干涉系统的长期稳定性和集成化问题，产品已经进入实用化阶段；我国华中科技大学向中国地政局地震研究所交付了首台行业部门使用的实用化的高精度铷原子绝对重力仪。未来，将广泛应用于地球物理、资源勘探、地震研究、地下结构检测等领域。

量子磁场测量领域，超导量子干涉器件磁力计，在生物磁测量、大地测量、无损探测等方面获得了广泛应用；碱金属原子蒸气磁力计可支持生物样品的非侵入性测试和表面科学研究，实用化方向主要是生物医学领域；NV 色心磁力计适合生物传感，被广泛应用于生物大分子和基础物理等领域。

量子定位导航领域，陀螺仪中的核磁共振陀螺仪发展最为成熟，已经进入芯片化产品研发；英国国防科学与技术实验室（DSTL）研究出了一种以超冷原子为基础的加速计，计划用这种量子系统对潜艇进行导航，导航精度比 GPS 最多高出 3 个数量级，可大幅提升潜艇隐蔽性。未来，相关技术在自动驾驶、无人机、潜艇、导弹等领域有着广阔的前景。

量子时频同步领域，原子钟分为微波原子钟和光学原子钟，而光学原子钟的精度更高，是下一代高精度时钟。微波原子钟技术已应用多年，主要朝着高进度、小型化发展，在地质学、地震学、石油勘探等领域已在应用；截至 2022 年，光学原子钟以美国 NIST 研制的锶原子钟在不确定度和稳定度上性能指标最高。2019 年，NIST 提出芯片级光学原子钟，是商业上可行的紧凑光学原子钟，有可能在导航系统和电信网络等取代传统振荡器。未来，原子钟主要应用领域包括卫星定位导航、国防军工、时间基准等。

（二）市场潜力：适用于高精尖领域，大规模商业推广尚需时日

总体来说，整个量子测量产业还处于初级阶段。主要原因包括：一方面量子测量领域的技术门槛比较高，需要一定的专业知识和技术积累，对人才的专业素养要求高，大部分量子测量企业都是从高校或者科研院所孵化的，或者具有军工背景；另一方面，除了量子雷达、量子磁力计具有明确的民用场景外，其他量子测量技术主要定位于非民用、非工业的应用场景，面向军队或政府等特殊领域的封闭市场。

近年来，随着欧美市场上逐步推出重力仪、原子钟、加速度计、陀螺仪、磁力计，我国市场推出电子顺磁共振谱仪、量子态控制与读出系统、量子钻石原子力显微镜及量子雷达等商用化产品。我们通过对全球量子测量领域的主要公司产品的收入预测，全球量子测量市场将以 10% 左右的增速增长，到 2023 年达到 3.3 亿美元，2025 年将达到 4.1 亿美元，2030 年将达到 5.6 亿美元。未来，随着远程医疗、工业互联网、物联网、车联网、自主机器人、微型卫星等技术与应用的逐步成熟，超精密、小型化、低成本的传感装置、生物探测器、定位导航系统等器件的需求量会显著增长，量子测量将拥有更加广阔的市场潜力（图 5-9）。

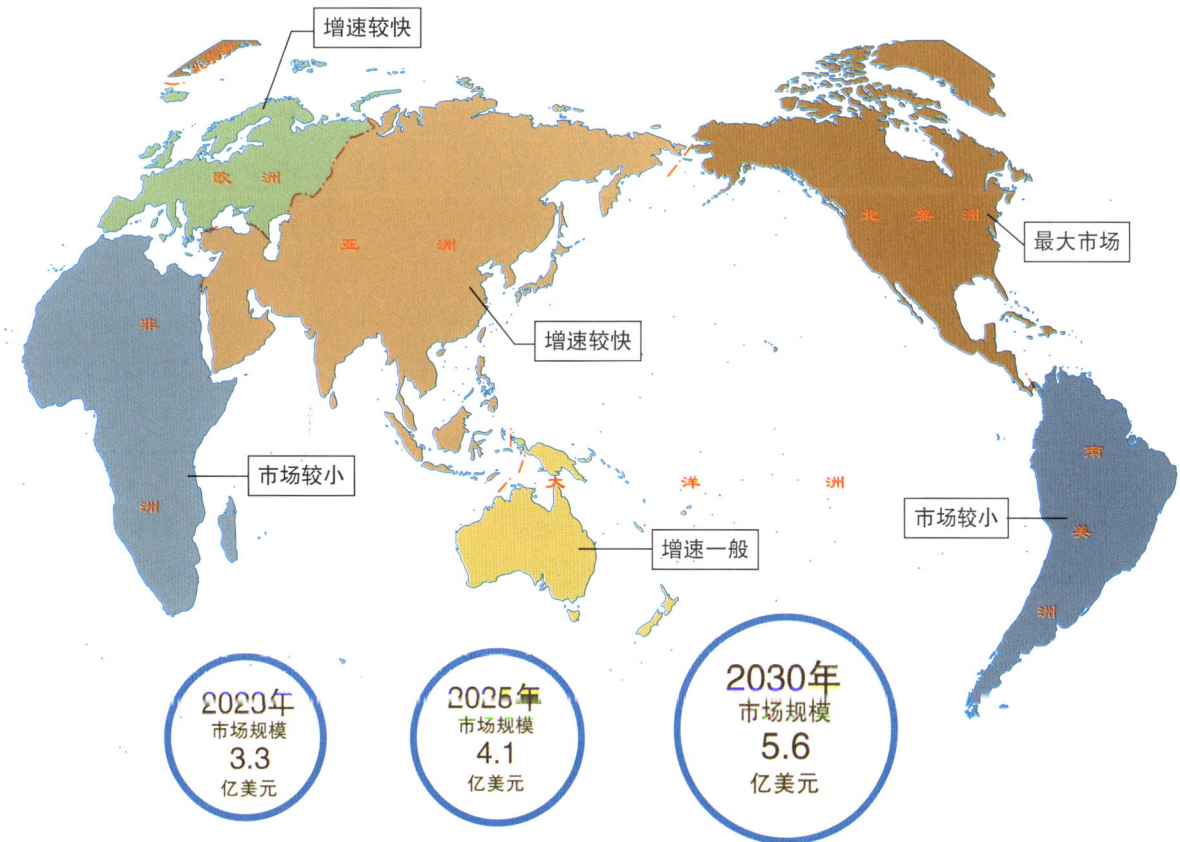

图 5-9 全球量子测量市场规模预测

第六章
2023 年量子计算技术、量子通信和量子测量的发展趋势及展望

当前世界经济进入新旧动能转换期，经济持续低速增长且分化态势继续延续，经济全球化遇到波折并进入深度调整期。从历史经验来看，经济危机往往孕育着新的科技产业革命，而近年来量子信息三大领域的研究和应用探索不断突破，标志性成果和热点话题层出不穷，利用量子理论来变革信息技术，有望实现对信息处理能力的革命性突破，量子信息技术的创新应用有望引领新一轮科技革命和产业变革，为新的经济增长注入新动能。

量子信息科技发展具有重大科学意义和战略价值，是一项对传统技术体系产生冲击、进行重构的重大颠覆性技术创新，将引领新一轮科技革命和产业变革方向。我国科技工作者在量子信息科技上取得了一批具有国际影响力的重大创新成果。总体上看，我国已经具备了在量子信息科技领域的科技实力和创新能力。同时，我国量子信息科技发展仍然存在不少短板，发展面临多重挑战，依然任重道远。

一、量子计算技术发展趋势及展望

（一）技术发展趋势

量子计算目前还处于原型机研发阶段，量子计算机目前只是刚起步，硬件水平还不能制造出通用的量子计算机。在技术上仍面临多项挑战，首先无法实现编码逻辑比特；其次还在系统扩展、逻辑门精度、相干消等几个方面存在挑战，最后，除了要有基础的硬件，对比经典计算机，量子计算也需要有软件、算法及云平台等技术的支持，所以，今后这些方面将是技术突破的高地和研究重点。

1. 硬件：未来可能突破数千量级物理比特，通用量子计算机备受关注

量子计算处于含噪声中等规模量子（NISQ）阶段，在此阶段将基于百位量级物理量子物理比特，在含有噪声即未实现量子纠错的条件下，探索开发相关应用和解决特定计算困难问题。

根据 IBM、谷歌等发布的技术路线图，预计 2028 年有望实现数千量级的物理比特，在量子比特数达到一定规模且量子态质量足够高的条件下，可能催生出解决实际问题的"杀手级"

应用案例，而后基于量子硬件水平提升与量子纠错技术的发展，由物理量子比特向逻辑量子比特过渡。长期来看几种量子硬件技术路线和性能提升的趋势仍具有一定的不确定性，后续业界将持续在扩展量子比特规模、提高量子态质量、加快量子计算运行速度等方向发力[①]，逐步向着实现可容错通用量子计算机的远期目标努力。

未来，全球各国研究者将以增加量子比特数量、提升量子比特的质量为主要目标，朝着向实现可纠错的量子逻辑比特迈进，随着量子物理比特数量和质量的提升，远期有望实现可编程的通用量子计算机，进一步面向更广泛的应用场景。

2. 软件：量子计算软件算法发展依赖硬件，量子计算云平台逐渐商用化

量子软件目前处于发展的初期阶段，与经典软件的发展成熟度相差尚远。量子算法的研究同时也离不开量子硬件，算法需要硬件的支持以便进行测试对比。未来量子算法的研究可能需要将重点放在研究更多可用于解决更多实际问题的算法，并进行量子算法优化的相关研究。截至 2022 年，国内外开放的量子计算云平台主要以展示和验证量子计算运行原理为主的演示应用和服务，以及提供量子算法、量子算法软件初步运行和验证等服务为主，有实用价值的"量子优越性"还未出现。未来，随着量子计算软硬件不断发展完善，待"杀手级"和"工业级"应用出现之后，量子计算云平台也将逐步走向"商用级"，推动量子计算生态的发展。

3. 应用：量子计算产品目前处于研发阶段，未来赋能行业发展应用前景广阔

量子计算距离应用实际落地和产生变革性价值仍有距离，应用案例基本属于预研性质的原理性、验证性实验，这主要受限于量子计算硬件的发展现状，现阶段的量子系统不足以支撑真正有实用效果的、难度较高的算法执行。

截至 2022 年，各公司研发的产品主要用于科研单位或自身的量子计算机开发中，离商业化、大规模应用还有较长的路要走。未来，随着硬件系统的进步，大型金融机构、大型生物医药机构等各类对算力有特殊需求的行业将会进一步与具备算法开发能力的公司合作，寻求更大规模、更深层次的实验，有望从小规模实验转向在若干领域实现具有专用价值的应用，进一步促进量子计算软件市场的发展。

（二）产业应用发展趋势

尽管近期关于量子计算的各种研究和应用探索成果丰硕，但量子计算领域仍然存在市场尚在培育阶段、商业模式不明朗、标准体系尚未建立、行业缺乏规范引导、生产链环节薄弱等问题和挑战。量子计算未来产业应用发展趋势如下。

一是量子计算开始商业化，"杀手级应用"正在加速出现。量子计算未来将发展达到商用规模，为终端用户提供转型能力。一些制造商将按规划发展大型量子计算系统，量子计算将广泛应用于各行各业，并落地成为改变生活的产品，给市场带来颠覆性变化。应用领域有：①加速新药开发，这是因为量子计算天然具备擅长模拟分子特性，计算机数字形式可以直接帮助人类获得大分子性状，极大缩短理论验证时间，加快开发疫苗、抗癌药物等的速度；②加速人工

[①] 王敬，李红阳，赵文玉．量子计算技术研究及应用探索分析[J]．信息通信技术与政策，2022（7）：8．

智能，要实现更深层次的人工智能离不开量子计算硬件设备的成熟与完善，以及量子人工智能算法的长足进步；③加速金融发展，量子计算可释放的巨大算力，将为开发新的金融服务和产品带来无限可能。此外量子计算也将广泛应用于物流和产业组织的大型优化问题，以及面向消费者技术的服务，如推荐系统、数据分析、智慧城市、物联网等。

二是可扩展、可容错的门模型量子计算机未来将会出现。通用量子计算机主要擅长解决搜索类型的问题，能够在某些经典计算机计算困难的搜索问题上实现平方级甚至指数级的加速。鉴于量子计算机强大的运算能力和在军事国防、金融、信息安全、灾害预报等领域的潜在应用价值，量子计算机的研发势在必行。随着量子硬件将在规模、质量和速度上得到显著提升，以及在缓解错误率和纠错方面的研究突破，容错量子计算机将取得更大规模的发展，之后会产生更多算法突破和新应用，并对商业和社会产生重大影响。

二、量子通信发展趋势及展望

（一）技术发展趋势

2016 年，英国政府科学办公室发布的"量子时代的机会"研究报告——"量子技术：时代机会"，其描绘了量子通信应用发展趋势。量子通信能保证高敏感信息的传送安全。短期内，量子通信能提供密钥和随机数字，保证信息不被复制，最终量子通信能通过卫星和远距离光纤用在全球通信网络，量子通信会在未来形成全球市场和网络。

量子通信的短期、中期、长期应用如下。短期：量子通信技术正处于刚刚走向产业化的阶段，短期应用主要局限于数据中心通信保护和量子随机发生器的生产阶段。中期：待技术进一步发展，量子通信技术将广泛应用于保密安全需求较高的行业，如国防、政府、金融、电力、互联网云服务及消费者等领域。长期：待量子技术走向逐渐成熟，最终传统互联网将被更安全、高效、稳定的量子互联网所取代。

量子通信技术是未来通信技术的主要研究方向，与传统的通信技术相比具有许多优势，但是依然存在一些没有得到妥善解决的问题，所以为了提升量子通信技术水平，使其能够在通信领域发挥更好的作用，必须针对当前量子通信技术发展过程中存在的问题，对其未来发展前景进行预测和规划，才能够全面提高我国量子通信技术水平。

1. 量子保密通信技术：量子中继技术成为核心技术之一

短期来看，完善量子保密通信网络，需要解决长距离量子保密通信网络中的中继站点没有得到量子技术的充分保护问题，未来需要在量子存储、量子中继等领域实现技术突破。量子通信网络由于中继等原因不可避免地发生错误，需要研发支持纠缠分发和隐形传态的高保真网络设备，以及可以补充损耗、容许操作纠错的量子中继器方案。长期来看，发展量子互联网需要从量子通信、量子测量、量子计算等领域全方位的突破。此外，除了继续深耕量子中继器研发，推进无中继光纤量子通信网络将会是一个新的可行方向。

2. 量子通信网络工程建设：量子通信网络规模加速扩大

量子通信网络工程建设将继续扩大规模，量子通信网络工程得到全球各国的高度重视，主要的发达国家都已经或正在加紧实施远距离量子通信干线工程，一些干线网络也已经初步建成。截至 2022 年，美国最大的量子网络仅有 6 个节点、200 公里；欧洲最大的相关网络由俄罗斯建设完成，全长 700 公里。欧盟 27 个成员国已全部签署欧盟量子通信基础设施（EuroQCI）协议，建设基于卫星连接整个欧盟和全球的国家量子通信网络，英国电信（BT）和日本东芝集团也于 2022 年 4 月在伦敦建设完成了英国首个商用量子保密通信城域网，而我国在该方面已走在世界前列。我国仅 2021 年通过招标形式开启的量子通信网络建设项目达十余项，包括国家骨干网、城域网等，以及相关配套设施，随着相关技术的进一步成熟，未来投资和建设会继续持续。

3. QKD 与 PQC：两者融合应用为保障网络安全提供新思路

从全球来看，QKD 依然是主要解决方案，且取得了较大进展，但仍然需要突破一些技术、性能瓶颈，在实际应用上依然受到限制。总结各国的观点，QKD 并不是应对量子计算威胁的唯一方法，PQC 也存在较大的发展空间，与 QKD 相比，这些算法不需要专用硬件，可通过身份验证共享密钥，避免中间人攻击风险。QKD 与 PQC 相比，缺乏具有明显优势和定义清晰的应用场景。未来，随着 PQC 标准化工作的推进，以及 PQC 方案的逐渐成熟，PQC 及"PQC+QKD"的融合方案也将有可能是一个可行选择。

从量子通信技术的发展规划来看，未来量子通信技术可以作为信息存储的重要载体，且能够与互联网概念相结合，在工业生产、机械制造、通信领域及军事领域等发挥出更好的作用，所以国家和相关部门必须加强对量子通信技术的资源投入，保证量子通信技术研究具有充足的资源保障，才能够完成量子通信技术研究创新，突破当前量子通信技术水平的限制。在通信领域最大化发挥量子通信技术的优势，不仅能够提高信息传输质量，更有利于保障信息安全，是信息时代发展过程中的核心技术，为此要不断加强量子通信技术研究。在量子通信领域掌握更多核心技术，是提高我国综合国力的重要方式。当前中国已经实现了量子通信在电力、国家安全、金融等方面的应用，还将延伸到互联网、云计算、供应链及 5G 等领域。从长远目标分析，随着我国新推出的量子卫星科技、量子中继、量子计算技术、量子传感器等新兴技术应用的实现与突破，中国通过建立量子通信网将进行分布式网络的量子计算机与量子传感器联接，还将逐渐形成包括量子云计算技术、量子传感网等许多崭新的科技应用。

（二）产业应用发展趋势

量子通信当前已初步具有实用价值，处于从实验室走向实际应用阶段，虽然我国量子通信产业应用场景不断增多，但当前应用规模尚未实现，市场培育不足、创新支撑平台有限等问题不容忽视。量子通信未来产业应用发展趋势如下。

一是量子互联网应用前景巨大。量子互联网作为基于量子通信技术产生和使用量子资源的新型功能网络，是在互联网上叠加新功能的基础设施，将带来网络安全、计算及科学上的飞跃，被行业认为具有巨大的应用前景。①可实现无条件安全通信；②可升级量子计算；③可助力科学研究。从现在到今后5～7年，量子互联网的主要应用是量子通信技术对传统互联网的"赋能"，集中在国家安全、金融安全及其他高度依赖安全通信领域。此外，利用量子互联网还有望实现全新传感技术，在军事国防中有较大的应用潜力。量子互联网能够带来传感灵敏度的极大提升，应用于定位系统中将会极大提升其授时、定位精度与安全性。实现全联通的大规模量子通信需10年以上，且高度依赖量子计算的实际进展。

二是后量子引领新的密码时代。为了应对未来基于量子计算机攻击手法的出现，新的后量子加密算法有望成为未来全球加密与数字签名新标准。为了能与量子计算机攻击相抗衡，后量子加密算法也需融合多领域密码知识，包括编码密码、网格密码、多变量密码、散列密码及超通用椭圆曲线同源密码等。PQC将来会更广泛应用在政务、军事、金融、通信、数据中心、能源等领域，公钥加密、数字签名和密钥交换算法被广泛应用于各种领域，包括互联网协议，如TLS、SSH、IKE、IPsec和DNSSEC，以及证书、软件代码签名等。但是后量子密码转型是一个系统化的漫长过程，并未伴随后量子算法的选择和标准化的研究，还要与现有系统、协议相融合，考虑安全、性能、合规等重要问题。

三是量子通信技术未来应用领域广泛。因为量子通信所具有的高安全性，可广泛应用于对信息安全要求高的领域或行业，如军事国防、政务、金融、互联网云服务、电力等。从长期的趋势来看，更为安全、高效、稳定的量子互联网势必会取代传统互联网。量子通信技术的未来应用：①军事国防领域，因为军事国防对信息安全要求最高，大概率会较快实现量子通信的大规模应用，如作战区域内机动的安全军事通信网络、信息对抗能力等；②国家政务领域，政府机关单位（如公安、工商、地税、财政）可以搭建量子通信节点，保证实时语音通信、实时文本通信及文件传输等的安全性；③金融领域，金融交易的网络化、系统化、快速化和货币数字化快速推进，亟须提升金融交易的机密性、完整性、可控性、可用性、抗抵赖性和可靠性；④云服务领域，随着5G技术的推广与深入应用，大量数据和业务向云端转移，云计算数据中心对信息安全的要求显著提升，电力系统的发、变、输、配、用等，对安全、稳定、可靠都有着很高要求，为应对战争风险，更需要提高安全级别，量子通信有望帮助电力系统实现安全稳定可靠运行；⑤量子加密驱动的代币经济开始兴起，各种物联网设备中的量子加密将支持新的代币驱动应用落地，未来量子计算和元宇宙等多种新兴技术的融合将提供新的用例和商业模式。

三、量子测量发展趋势及展望

（一）技术发展趋势

测量仪器小型化，测量精度持续提升。量子测量技术的物理理论和原理机制基本明确，大量理论和实验证明利用量子能级跃迁、量子相干叠加、量子纠缠等物理特性可实现多种物理量的精密测量，但部分原理技术仍有待突破，如量子纠缠态高效确定性的产生方法、远距离分发技术等。基于量子相干性的测量技术的成熟度和测量精度均比较高，但通常体积较大，难以集成化。已开展小型化、可移动化方向的研究。基于量子纠缠的测量技术精度理论上可以突破经典极限，达到海森堡极限，实现超高精度的传感与测量。但成熟度较低，纠缠量子态的制备、量子中继、操控等关键技术尚未突破，目前还处于理论验证或原理样机开发阶段。未来除了在纠缠量子态的制备、量子中继、量子态操控等关键技术继续加强攻关外，针对技术成熟度相对要求较高的技术，高精度、小型化、低成本是未来研究的趋势，从而为高精度量子测量装置实现进一步商用奠定良好的基础。

注重提升性能指标，逐步增强实用可能。近年来，国内外更加注重测量精度、稳定度、环境适应、体积功耗等性能指标的提升，进一步推进样机系统工程化，开展小型化、芯片化和可移动样机研发，增强实用性。在量子目标识别、量子重力测量、量子磁场测量、量子定位导航、量子时频同步等领域均取得了一些重要的进展。未来除了在硬件与系统工程化层面要不断探索提升外，在软件层面也要逐步开展软件开发、控制、应用等方面工作，借助相关算法，一方面，可以提升数据提取的效率，进而进一步降低系统对环境因素的严苛要求；另一方面，可以对相关应用场景进行积极探索，提高实用性。

（二）产业应用发展趋势

量子测量作为传感测量技术的未来发展演进必然趋势，在时间基准、惯性测量、重力测量、磁场测量和目标识别等领域已经形成较为明确的研究方向，量子测量技术正在加速赋能各行各业，与国际领先国家相比，我国在系统工程化和实用化方面仍有待进一步探索，科研成果转化应用机制不成熟，产业合作和推动力量有限。量子测量未来产业应用发展趋势如下。

一是提高测量体系的准确性和便捷性。基于量子测量技术的量传体系，由于可以直接溯源至物理常数，大大压缩了计量标准传递层级，甚至可以直接在工程测量现场环境条件下进行测量。量子测量技术的发展将进一步缩短溯源链，大幅提升计量校准的准确性和便捷性。

二是量子测量仪器向小型化发展。随着科学技术的发展，量子测量设备的体积不断变小，正在快速从成套装置向便携设备乃至传感芯片发展，同时其技术性能与可靠性不断提升。在地面或飞行试验中需要使用大量测量仪器，由于受使用环境与安装条件限制，为开展计量校准而进行拆装往往需要巨大的成本和带来损耗，而且在很多特殊的应用环境和场合下，可能根本无法提供在线校准，来保证测量数据的准确性。若采用具备自校准或免标定功能的量子传感器件，便能很好地解决此类问题。所以量子测量仪器向着体积小、高准确度的方向发展。

三是量子测量将引发航空设备颠覆性变革。量子测量技术将引发航空装备产生系列变革，与传统仪器相比，量子陀螺及量子重力测量仪的测量准确度可以提升几个数量级；基于量子技术的重力仪、磁场测量仪的准确度进一步提升后，通过精细刻画地球的重力场、地磁场物理图景，催生出与重力场匹配导航、地磁匹配导航等新型无源高准确度导航技术，它们是独立于GPS 运行的量子增强型惯性导航系统。利用金刚石色心等固态原子体系，有望制成米粒大小的传感器探头，实现磁场、微波场的超高空间分辨力测量。

结　语

　　量子信息技术是挑战人类极限科技能力的系统工程，领域发展必定前途光明而道路曲折。量子信息技术也是我国极具代表性的科技领域。过去十年间，在党和国家的前瞻布局下，经由中国科研人员和工程技术人员的共同努力，不仅完成了从跟跑到部分领跑的历史性飞跃，有关产业也实现了从 0 到 1 的跨越。中国量子研究与产业突飞猛进的背后，是中国"科研黄金时代"和"集中力量办大事"的体制优势。

　　量子信息技术将对整个人类社会和经济发展产生根本性深远影响，发展量子信息技术，要充分认识到其具备的 4 个基本特征。第一是高度竞争性，我国同世界主要科技强国均认识到量子信息技术将引领新一轮科技革命和产业变革方向，对促进高质量发展、保障国家安全具有非常重要的作用，竞争非常激烈，具有高度的排他性。第二是高度不确定性，量子信息技术整体上处于发展的起步阶段，不同技术的成熟度是不同的，而且仍未形成技术收敛，发展方向和路径难以把握，技术预测与探索均存在较高的不确定性。第三是应用场景的不确定性，量子信息技术的应用场景到底是什么，哪些地方有紧迫的需求尚未达成共识，找准应用迫切、条件具备的领域进行试点先行，是探索从技术到产业的有效路径之一。第四是资源的高度密集性，量子信息技术的发展需要大量的人才、技术和资本等要素，营造良好的创新创业生态有利于技术突破和产业发展。着眼于量子信息技术领域的中长期稳健发展，需要系统谋划、整合资源、重点突破、扩大交流合作、培育和引进创新人才，探索出一条中国特色的量子信息技术与产业发展之路。